编委会

主　编：郭　熙

编写者：（按姓氏音序排列）

丁雪欢　顾　红　郭楚江　郭　熙

胡建刚　张凤芝　张训涛

七彩中文

QICAI ZHONGWEN

当代中国

郭　熙◎主编

暨南大學出版社
JINAN UNIVERSITY PRESS

中国·广州

图书在版编目（CIP）数据

七彩中文．当代中国/郭熙主编．—广州：暨南大学出版社，2021.9
ISBN 978－7－5668－3137－8

Ⅰ．①七…　Ⅱ．①郭…　Ⅲ．①汉语—对外汉语教学—教材　Ⅳ．①H195.4

中国版本图书馆 CIP 数据核字（2021）第 077771 号

七彩中文：当代中国
QICAI ZHONGWEN：DANGDAI ZHONGGUO
主　编：郭　熙

出 版 人：张晋升
策划编辑：李　战
责任编辑：黄　颖　黄少君
责任校对：黄　球　黄晓佳
责任印制：周一丹　郑玉婷

出版发行：暨南大学出版社（510630）
电　　话：总编室（8620）85221601
营销部（8620）85225284　85228291　85228292　85226712
传　　真：（8620）85221583（办公室）　85223774（营销部）
网　　址：http：//www.jnupress.com
排　　版：广州市天河星辰文化发展部照排中心
印　　刷：佛山市浩文彩色印刷有限公司
开　　本：787mm×1092mm　1/16
印　　张：20
字　　数：300 千
版　　次：2021 年 9 月第 1 版
印　　次：2021 年 9 月第 1 次
定　　价：128.00 元（共三册）

前言

PREFACE

随着中国社会各方面的快速发展，作为祖语传承的中华语言文化教育越来越受重视。多年来，以海外华校为主要路径的华文教育取得了很大的成就。为支持海外华校的华文教育，有关方面编写出版了不少华文教材，也在努力推动华文教材的多样化，以适应不同的需求。但是由于海外华文教育对象复杂，现有教材不能满足广大海外中文学习者的需要。

另外，作为祖语教育，单靠课堂和课本是难以完成的。现实的一个突出问题是缺乏阅读资源，尤其是中学阶段的祖语生。华裔祖语生的一个特点是家庭使用华语或者家长会华语，不少祖语生已经掌握了基本的语音系统和语法系统，但是在词汇和阅读方面需要补充和巩固，而这些任务现有的教材是没有办法完成的。

鉴于此，我们特意编写了这套《七彩中文》读本，作为海外华裔祖语生的课外读物，其他中文学习者如果达到相应的水平，也可以使用。我们希望能够通过这套读物，提升海外华裔学生和其他中文学习者对华文的兴趣，对中华文化有更深的了解，能够形成自主开展华文学习的习惯，提升学生的华文水平。

参与编写这套《七彩中文》的作者，长期从事海外华文教学和研究，参与了中国国务院侨务办公室组编的《中文》（初中版）的编写，对海外华裔祖语生学习情况有较为深入的认识。在编写过程中，我们选取了大量优秀的文章和故事，也有一些文章是我们自己撰写的。编写海外华裔学生的读物是我们进行的一次尝试，我们希望在此基础上广泛征求意见，为海外华裔学生编写出更加适合的课外读物。

这套读物策划和编写于《中文》（初中版）的编写完成之后，因种种原因未能及时推出。它最终能够出版得益于暨南大学出版社李战副总编辑的不懈努力。暨南大学出版社社长张晋升教授给予了大力支持，林璐女士绘制了精美的插图，责任编辑黄颖、黄少君女士在编校中做了大量的工作，使得这套书的质量得以保证，国家语委海外华语研究中心给予了经费支持。在此一并表示感谢。

郭　熙

2021 年 6 月 28 日

目录

CONTENTS

上

中

下

上

SHANG

1 “四大件”变、变、变

不同的年代，人们对生活有不同的追求，但都希望拥有四件时髦(shí máo)（fashionable）的东西，即俗话(sú huà)（a common saying）说的“四大件”。

二十世纪五十年代，人们的生活水平很低。对于一个年轻人来说，钢笔、雨伞、挎包和手电筒就是当时的“四大件”。能拥有这“四件宝”，是很多人的梦想。

到了六七十年代，一般的中国家庭，谁家要是有自行车、缝纫机、手表、收音机这“四大件”，就会让人羡慕(xiànmù)[1]得不得了。

八十年代，中国开始对外开放(duì wài kāi fàng)（opening to the outside world），人们的生活水平有了很大的改善(gǎi shàn)[2]，中国人的“四大件”就变成了电冰箱、电视机、录音机和洗衣机。

九十年代，人们不再满足于旧的“四大件”。电话、空调、照相机、组合音响，这新的“四大件”开始成为中国人的生活必需品。

进入二十一世纪，住房、汽车、手机、电脑成为中国人新一代的“四大件”。

如今，多功能手机、手提电脑成为普及品，越来越多的中国家庭拥有住房、汽车，再谈论“四大件”已没有什么意义，因为很多中国家庭都可以购买更多的消费品了。

动脑筋

1. 中国不同时代的“四大件”都有什么？
2. 中国人的“四大件”的变化说明了什么？

---

① 羡慕：看见别人有某种长处、好处或有利条件而希望自己也有。

② 改善：改变原有情况使好一些。

2 两毛钱一脚

新疆的水果都非常好吃，葡萄、西瓜、哈密瓜（hā mì guā）（Hami melon）、香梨，还有杏（xìng）（apricot），无一不是果香扑鼻，入口甘甜。二十多年前，新疆的水果特别便宜，差不多都是几分钱一公斤。

在新疆阿克苏，我路过一片杏树林，满树大白杏。看见果树上挂满了果，我的口水忍不住，至今一想还满口生津（jīn）①。

杏树下坐着一位维吾尔族（wéi wú'ěr zú）②老汉，身边有几个铁皮桶。我问他："你这杏多少钱一斤？"老汉说："两毛钱一脚。"我当时还奇怪，

---

① 满口生津：因为想吃东西，嘴巴里都是口水。

② 维吾尔族：主要生活在中国新疆的一个少数民族。

两毛钱，那是两角啊，怎么是一角呢？老汉解释说，两毛钱一脚，是你踹(chuài)①一脚杏树花两毛钱，踹完以后掉下的杏就都归你。弄明白以后，我惊喜天下竟有这样好的买卖。我立刻给了老汉两毛钱，拎(līn)②起一个桶，快步走向杏林深处。

里边的杏树大小不一。我选择了一棵很大的、枝头低垂的杏树，使足了劲儿猛踹杏树，结果是一颗杏都没落；我刚想再接着踹时，老汉在旁边发话了："再交两毛！"我一下子就老实了，重新选择了一棵看上去比较细弱的杏树，不轻不重地踹了一脚。这回树上掉下的杏，我捡了半桶。

"两毛钱一脚"，它让我明白了：凡事不能太贪心，要量力而行。

（根据马未都《两毛钱一脚》改编）

动脑筋

1. 你去过新疆吗？新疆有哪些知名的水果？
2. 维吾尔族老汉的杏为什么是"两毛钱一脚"？
3. 半桶杏子花了"我"多少钱？
4. "两毛钱一脚"让"我"明白了一个什么道理？

---

① 踹：脚底向外踢。
② 拎：用手提。

3 拜　年

今天是除夕，又是爷爷的七十岁生日，非常难得，叔叔和姑姑全家都从外地赶回来过年，全家老小十几人，非常热闹。

爸爸妈妈、叔叔婶婶、姑姑姑父忙着做各自的拿手菜：粉蒸狮子头、醋熘排骨、清蒸桂花鱼、藕夹肉饼……

我和堂哥、堂姐忙着和面（huó miàn）（knead dough），爷爷和奶奶在调饺子馅。饺子馅一调好我们就可以包饺子了。

“嘀……嘀……”我的手机来了一条短信，打开一看：“当欢乐的歌声飘扬，当新年的钟声敲响，那是我在祝福你，我的朋友，新年快乐，新年吉祥！友：萍”好朋友萍已迫不及待地开始发短信拜年了，我赶紧给她回了一条祝福短信。

“丁零零……”电话响起，原来是叔爷爷率领（shuài lǐng）[1]他们全家来给爷爷奶奶拜年了。

这时我的手机响了，打开一看，是微信，远在澳大利亚留学的表妹给全家拜年来了。表妹一人远在异乡过年，一开口就忍不住哭起来，还和小时候一

---

① 率领：带领。

样。记得十年前，我、堂哥、堂姐、表妹四人一起到爷爷奶奶家拜年，不知从哪儿飞出一串鞭炮，吓得表妹哇哇大哭。如今，表妹这爱哭的老毛病还是没改。“外公外婆，爸爸妈妈，我想你们……”看到手机视频中的表妹，奶奶、姑姑也跟着难过起来……

堂哥见这情景，想缓和（huǎn hé）（ease up）气氛，对着屏幕（píng mù）（screen）刮了一下表妹的鼻子，“这么大的姑娘了，还整天哭，不知羞。”

婶婶在一旁，也开始拿堂哥打趣（dǎ qù）（make fun of）：“你比妹妹强不到哪里去。那年你在外读大学，说不回来过年了，给我们寄来一张贺卡（hè kǎ）（greeting card），我还记得贺卡上是这样写的：‘“起来吃饭了。”在家时每天早晨都能听到。这个春节不能回家，听不到爸妈这样叫我了，不过我会将这份爱连同对你们的祝福一起在心里默念。’我和你爸刚接到你的贺卡，正读着呢，你就提着行李站在我们面前了，你还有脸说妹妹？”堂哥的脸一下子就红了。

央视春晚（yāng shì chūn wǎn）（CCTV Spring Festival Gala）开始了，我们一家人其乐融融（qí lè róng róng）①，边吃着丰盛的年夜饭，边看着精彩的节目，等待着新年的到来……

动脑筋

1. 你最喜欢中国人的哪一种拜年方式？
2. 你通常用什么方式向家人、朋友表达情感？

① 其乐融融：形容十分欢乐、和睦。

4 体恤[1]之心

上海的冬夜，灯光闪烁（twinkling），车水马龙[2]。出租车司机孙宝清在浦东大道接了一位客人，客人要去浦西的一家饭店。车没开出多久，这位客人却突然要求掉头回去。

“已经进了隧道（tunnel），没办法掉头了。”孙宝清说。

“出门的时候我换了条裤子，忘了拿钱包出来了。”客人着急起来。

孙宝清看到客人的窘态（embarrassment）后，摆摆手说，可以免费送他到目的地。一路上，他还不停地安慰客人：“不用担心，人总是有忘东西的时候，我也有过，人之常情嘛。”

就这样，两人聊了起来。客人告诉孙宝清，他刚来上海不久，

① 体恤：设身处地为人着想，给以同情、照顾。

② 车水马龙：形容车辆很多，来往不绝。

人生地不熟，所以才着急。不一会儿，车到达目的地，车费为十七元。孙宝清把计价器（jì jià qì）（taximeter）的牌子翻了起来，十七元随即变成零元。随后，他拿出三张共计三十元的乘车票递给客人，并嘱咐他：“回去的时候，找一辆我们公司的出租车，可以用这个付车费。”那位客人收下乘车票，连声道谢，然后匆匆离去。

过后，孙宝清并没有把这件事放在心上，毕竟这对于他来说，已经不是第一次了。可是，两天后，他突然接到那位客人打来的电话，问他是否愿意做他的司机。客人说他叫龚天益，是纽约银行上海分行（niǔ yuē yín háng shàng hǎi fēn háng）（Shanghai Branch of Bank of New York）的行长。

很多人问龚天益，为什么要选孙宝清？龚天益说：“理由很简单，是他那颗体恤他人的心深深打动了我。他知道我没带钱包，就一直安慰我；明明二十元乘车票就够了，他可能考虑到也许我会有其他事情，给了我三十元……银行业也是服务业，要以顾客为本。我以为，他是服务业的楷模（kǎi mó）（model），所以我选择他。”

（根据戚锦泉《体恤之心》改编）

动脑筋

1. 你是怎样看待孙宝清不但不收龚天益的车费还送他乘车票的？
2. 你又是如何看待龚天益请孙宝清做自己的司机这件事的？
3. 你有没有体恤过他人？当你遇到困难的时候，有没有人关心过你？

5 娶新娘

明天就是我结婚的日子，我已经忙得晕头转向了，可我的爷爷奶奶似乎比我还要操心（cāo xīn）（strain），不停地问东问西。

爷爷问："你叔叔明天几点到？能赶上婚礼吗？"

"您放心，从北京乘飞机到广州只要三个小时，明天中午十一点前叔叔肯定能赶到。"我答道。

奶奶接着问："不知你姑姑上了火车没有，晚上几点到广州？"

"姑姑明天从武汉乘高铁到广州。"

"高铁？什么是高铁？"奶奶好奇（hào qí）[①]地问。

"高铁就是时速两百公里以上的高速铁路。"

"你姑姑每次从武汉乘火车来广州都要十多个小时，那她乘高铁要多少小时？她明天中午能赶到吗？"奶奶还是不放心。

"听说，从武汉到广州的武广高铁，速度比奥运会上的射箭比赛还快，只要三四个小时。您别担心，姑姑肯定能在中午赶到。"

"你明天接新娘的车准备好了没有？"爷爷又接着问。

---

① 好奇：对自己所不了解的事物觉得新奇而感兴趣。

"您放心，都准备好了。我开奥迪，表哥开他的那辆奔驰陪我一起去接新娘。"

"那就好，可别像你爸爸结婚时那样，开着摩托车去接你妈，半路上没油了，没少让你妈妈埋怨（mán yuàn）①(complain)。"爷爷笑着说。

"那也比你好，结婚时骑着自行车接我，骑了一个多小时，一身臭汗。"奶奶和爷爷开起了玩笑。

"能骑自行车接你就很不错了。我爸结婚时，那会儿家里特别穷，别人家娶新娘是用花轿，或是用驴车、马车，我爸倒好，娶我妈时是背着我妈过门（guòmén）(to get married and move into the bridegroom's household)的。幸亏（xìng kuī）②住得近，否则非累死不可。"爷爷还没说完，我们大家就一起笑了起来……

动脑筋

1. 你参加过中国人的婚礼吗？你了解中国的哪些婚礼习俗？
2. 你到过中国吗？你坐过中国的高铁吗？

---

① 埋怨：表示不满。
② 幸亏：由于偶然出现的有利条件而避免了某种不利的事情。

6 电梯间的误会

那天走进电梯，一位漂亮小姐对我说："你好。"我不认识这位小姐，但是电梯里没有其他人，我想她应该是对我打招呼吧，于是，我也对她说："你好。"

小姐接着又说："今天有空吗？一起吃饭好吗？"我刚好没带钱包，口袋里只有现金三百元，信用卡也没带，只好尴尬（gān gà）（embarrassed）地说："我只是出去办些事情……"话还没说完，只听她说："我知道你没带钱，吃饭我请客。"

上辈子做了什么好事，竟有这样幸运的事？我赶紧说："可以啊！"她问："想吃牛排、海鲜还是烧肉饭？"我想，既然是她请客，找个合适的地方就好，就说："我看附近的烧肉饭不错，店里也很干净，这样就可以了。"我一说完，她就轻轻笑了一下。

电梯并没有在其他楼层停住，直接往下。我鼻子中充满着她的香水味儿，内心还在仔细分析（fēn xī）（analyse），这香水到底是哪一种品牌呢？等会儿吃饭时要跟她聊什么呢？……

"亲我一下吧。"她突然冒出了这么一句。

顿时，我不知道如何是好。“电梯是公共场合，很快要到一楼了，似乎不好吧……”我说道。

“亲我一下都不愿意，枉费（wǎng fèi）[1]我那么喜欢你。”

我实在无法相信，怎么运气会这么好，应该不是在做梦吧？我鼓起勇气，慢慢往前靠近……

这时，电梯到了一楼，门开了，她走了出去，只见她拨了拨长发，从耳朵里拿出耳机，自言自语地说：“莫名其妙，又不认识，干吗一直对我说话……”

动脑筋

1. 电梯里的漂亮小姐是在和谁说话？
2. 你遇到过这样的事情吗？
3. 看完全文，你觉得文章标题“电梯间的误会”中的“误会”可能是什么意思？

---

① 枉费：白白浪费。

7 “信任[1]”试验

（xìn rèn）

在学校时，我学的心理学专业（xīn lǐ xuézhuān yè）（Psychology），教我们课的是学校最有名的周严教授。

有一次上课的时候，周教授对我们说：“今天我们来做一个‘信任’试验。”他让我们面朝他排成两排，然后前排的同学不借助任何物体，向后仰面倒去，后面的同学要接住他。

听了周教授的话，前后两排的同学互相望着，都心照不宣（xīn zhào bù xuān）[2]地“哈哈”笑起来。这样的游戏，我们之间私下曾经玩过多次，每次都是前排的同学向后倒去的瞬间，站在后面的那位同学便快速抽出身来，这样，前面的同学由于失去重心，“砰”的一声仰面摔倒在地上。所以后来再有同学说玩这样的游戏时，前面的同学便再也不肯真的向后倒下去了。

在周教授说“开始”后，站在前面的许多同学，开始一点一点向后倾斜，但每一个人都暗自控制着身体的平衡（pínghéng）（balance），并不让自己失去重心。后面的同学见了，知道前面的同学并不真倒，所以只是伸出手来，象征性地在前

---

① 信任：相信而敢于托付。

② 心照不宣：彼此心里明白，不必明说。

面同学的衣服上轻轻碰一下，就算是扶住了前面的同学。

这时，一个我们没想到的情景出现了。一个个头有一米八的男生，看上去很轻松的样子，向后直直地倒去。在后面接他的是一位小巧的女生，她见男生向她倒去，先是一愣，接着便使尽全力，满脸通红地一把抱住了他。看得出，女生非常吃力，但还是稳稳地托住了男生。

实验结束后，周教授走上讲台，他用手指着那位男生和女生对大家说："今天的'信任'试验，他们两人做得最成功。同学们，什么是信任呢？信任便是像刚才这位男同学一样，对别人没有丝毫的防备（fáng bèi）[1]，把自己完全地交给别人；而这位女同学，则是最好的'值得信任'的例子，那就是不管自己有多困难，都会把别人交付的事情办好。"

"在生活中，我们总是渴望他人的信任，希望别人信任自己，可是又有多少人能够向他人付出信任呢？"说到这里，周教授看了我们一眼，语重心长（yǔ zhòng xīn cháng）[2]

---

① 防备：做好准备避免受害。
② 语重心长：言辞诚恳，情意深长。

地说："一个人值得别人信任是幸福的，而一个人信任他人则是高尚的。同学们，让我们先做高尚的人，再做一个幸福的人吧……"

周教授的话音刚落，教室里便响起了久久的掌声……

动脑筋

1. 你认为做一个让人信任的人容易，还是做一个信任别人的人容易？
2. "信任"试验对你有什么启发？你最信任的人是谁？朋友们信任你吗？

8 电梯里的一分钟

孔君竹是位设计师。设计师这行业竞争(jìngzhēng)[1]非常激烈，好在孔君竹和同事们关系融洽(róngqià)[2]，所以压力不是很大，就连一向“冷血无情”的王总也似乎看孔君竹越来越顺眼。

一天早上上班时，电梯门眼看就要关上了，王总突然蹿了进来。用“蹿”这个词绝对一点儿也不夸张，他那个动作实在是迅速(xùn sù)[3]。当王总见电梯里站着孔君竹时，脸竟然有点儿红，显然，让下属看到了刚才的一幕，他有点儿不好意思。

孔君竹却像没事一样，礼貌地跟他打招呼：“王总，早上好!”然后主动按下了电梯门旁那个“15”键，显得大气而自信。王总马上就“忘”了刚才那个动作，愣了两秒钟就反应过来，然后用少有的随和语气主动调侃(tiáo kǎn)[4]：“小伙子今天这西服穿得挺精神的，不过你还是没我帅气，哈哈。”

---

① 竞争：为了自己方面的利益而跟人争胜。

② 融洽：彼此感情好，没有抵触。

③ 迅速：速度非常快。

④ 调侃：用言语戏弄；嘲笑。

孔君竹的心在“扑通、扑通”地跳，脸上却故作轻松：“那是，但我相信追求我的人肯定不会比您少哦！”一个老板和下属就这样全无沟通障碍(zhàng'ài)(barrier)了。孔君竹不失时机地说：“王总，您说明天的世界杯决赛(shì jiè bēi jué sài)(World Cup Final)，法国队会夺冠吗？”王总又是一愣，然后哈哈大笑：“你也喜欢足球？知己啊知己！”不知不觉中，王总已经自然地把右手搭在了孔君竹的肩膀上。电梯门开了，王总也没记得把右手放下来。

一个月后，王总任命孔君竹为部门主管。同事们正感意外时，王总却用欣赏的目光鼓励还没有做好升职思想准备的孔君竹。

电梯里，孔君竹利用一分钟的时间决定了王总对他的印象。他大气、有礼、自信的举动将尴尬化为乌有（wūyǒu）[1]，兴趣相投更是拉近了两人的距离。孔君竹在电梯里把握住了升职的机会。

动脑筋

1. 当你遇到你的老师、校长等令你敬畏的人时，你会怎么做？
2. 你善于与人沟通吗？你善于表现自己吗？
3. 你认为自身最大的魅力在哪里？

① 乌有：虚幻，不存在。

9 “44944” 碰了 “00544”

一天，我带小儿子回山东老家，让他尝尝大饼卷葱（cōng）（green Chinese onion）。饭桌上有酱（jiàng）（sauce），我指着对他说：“你蘸（zhàn）（dip in sauce）着吃。”他一听，马上就站了起来。看他误会了，我又说：“我是叫你蘸着吃！”他一时不明白，委屈（wěi qu）①地说：“爸，我不是站起来了吗？你还要我站到哪里去？”

一天，我检查儿子的语文试卷，发现他把很多成语写错了：“有口皆碑（yǒu kǒu jiē bēi）②”写成“有口皆杯”，“依依不舍”写成“衣衣不舍”，“十全十美”写成“食全食美”……我批评他，儿子却说：“电视上的广告词就是这样

① 委屈：因为被人误解，心里难过。
② 有口皆碑：人人都称赞。

写的！”

一天，我在厨房里洗东西，不喜欢洗澡的小儿子在客厅里大声喊：“我要洗澡。”我听了后非常高兴：“好，等我一下，马上就来帮你洗啊。”我正说着，儿子手里拿着几颗通红的大枣（dà zǎo）（jujube）走了过来。我禁不住大笑，原来儿子要洗的是“枣”！

一天，朋友钱大壮去买车。卖车的老板建议他买车牌号为“00544”的车，说这个车牌号念起来就像“动[1]动我试试”，多霸气（bà qì）（high-handed）啊！他高兴地接受了。谁知第二天，新车就被另一辆车碰了，钱大壮一看对方的车牌号，差点儿晕（yūn）[2]过去，因为那个车牌号码是“44944”（试试就试试）。

有一次，一位出租车司机告诉我，有位女士刚下他的车就在车门外大叫：“我要死在你车上！”他害怕地问：“为什么要死在我的车上？”那位女士拍打着车门大喊：“不要开车，我要死在你车上！”后来，他才明白，那位女士说的是“钥匙”，不是“要死”。

唉，都是谐音（xié yīn）（homophonic）惹（rě）的祸（huò）（stir up trouble）啊！

（根据刘代领《都是谐音惹的祸》改编）

动脑筋

1. “蘸着吃”和“站着吃”有什么不同？
2. “依依不舍”的意思是舍不得离开，但电视上的广告词写成“衣衣不舍”，你能猜出是在做什么广告吗？
3. 你猜得出“1314520”代表什么意思吗？

---

① 动：数字“0”有时可以说成“洞（动）”。
② 晕：头发昏，有旋转的感觉。

10 一盒饼干

一天晚上，她在机场候机。为了打发(dǎ fa)①几个小时的等候时间，她买了一盒饼干和一本书。她找到一个位子，坐了下来，专心致志(zhuān xīn zhì zhì)②地看起书来。

突然间，她发现坐在身旁的一个青年男子伸出手，毫无顾忌(háo wú gù jì)③地抓起放在两人中间的那个盒子里的饼干吃了起来。她不想惹事(rě shì)④，便视而不见。过了一会儿，她也开始从那个盒子里拿饼干吃。她看了看表，同时用眼角的余光看到那个“偷”饼干吃的人居然也在做同样的动作。她更生气了，暗自想：“如果我不是这么好心，这么有教养的话，我早就把这个无礼的家伙的眼睛打肿了。”

她每吃一块饼干，他就跟着吃一块。当剩下最后一块饼干时，他不太自然地笑了笑，伸手拿起那块饼干，掰成两半，给了她一半，自己吃了另一半。她接过那半块饼干，想道：“这个人真是太没教养了！甚至连声谢谢都不说！我从没有见过这么厚颜无耻(hòu yán wú chǐ)⑤的人。”终于可以登机了，她长出了一口气，急忙把书塞进包里，拿起行李，直奔登机口，看都没看那个“贼”一眼。

---

① 打发：消磨（时间、日子）。
② 专心致志：一心一意，集中精神。
③ 毫无顾忌：一点顾虑也没有。
④ 惹事：引起麻烦或祸害。
⑤ 厚颜无耻：脸皮厚，不知羞耻。

在飞机上坐好后，她开始找那本没看完的书。突然她愣住了，她看见自己的那盒饼干还好好地放在包里！她顿时明白过来……羞愧无比。

动脑筋

1. 假如有人强行使用你的东西，你会怎么样？
2. 你有过误会别人的经历吗？

11 “不怕死”的中国人

我是一个欧洲人，我选择到中国来工作和生活，最重要的原因是：比较(bǐ jiào)(comparison)。我坚信，现代化有很多种形式。那么中国的现代化又是怎样的呢？

在过去的一个月里，我一直在中国各地旅行，寻找这个问题的答案。

在重庆的经历特别令人难忘。重庆整个城市建在山上，高楼越来越多，商业区日新月异(rì xīn yuè yì)①，我想下一次来我一定会认不出来。中国最令我吃惊的一点是，上一代与下一代之间的差别非常大。在四川，很多老一辈人的脸让我难忘：那是一种习惯了艰苦生活和自我牺牲(zì wǒ xī shēng)（self-sacrifice）的脸，很像我葡萄牙家乡的农民。可是，年青一代却与欧洲城市的年轻人越来越像：自信、成熟、渴望(kě wàng)②美好的生活，常常可以看见他们坐在露天咖啡座喝意大利咖啡。

中国令我印象很深的另外一点是人们的“无畏(wú wèi)”（fearless）。我去过上海的一所著名大学，校园很美，建筑很新潮，但也许是因为太新，地砖很滑。那一天下着大雨，走在我前面的一个女孩突然滑倒了。但我没想到的是，她很快

---

① 日新月异：每天每月都有新的变化，形容进步、发展很快。

② 渴望：迫切地希望。

就自己站了起来，而且不停地检查着自己的白色小包——看来，她对自己的包比对自己的背还要关心。

说这个故事，是因为我感觉，中国人似乎有一种不怕死的精神。在欧洲或者美国，基本上没有打滑（dǎ huá）[1]的地砖，因为害怕有人摔倒而被起诉（qǐ sù）（prosecution）。但在中国，人们似乎对此并不在意，即使摔倒了，也只是站起来重新出发。这或许是因为，中国近年来经济发展太顺利了，中国人有着一种普遍的乐观情绪，都希望抓紧时间充分利用经济发展的机会，享受快乐。但无论如何，对于一个初次到访者来说，这意味着一种对生活的强烈热爱。

---

① 打滑：地滑站不住，走不稳。

我也觉得，与中国人交朋友更加容易。在成都的一家酒吧里，我遇见了一位在那里工作的年轻人，他一听说我喜欢爵士乐（jué shì yuè）（jazz），马上就送给我一张爵士音乐会的票。票很贵，他诚实地告诉我说，他有两张，是朋友送的，但他没有女朋友，只能一个人去。

确实，在中国农村，一个外国人现在还可能被看作稀罕（xī han）①物。但是，中国人看外国人的心态却很健康。他们对其他国家表现出一种真正的好奇，而且很少觉得其他国家好会对自己的国家构成威胁（wēi xié）②。这是中国人的一个巨大的优势。

保持好奇、乐于学习、不持成见（chéng jiàn）③，这也许是世界应该向中国学习的地方。

（根据［葡萄牙］布鲁诺·马希斯《“不怕死”的中国人》改编）

动脑筋

1. 中国人真的“不怕死”吗？你同意作者对中国人的评价吗？
2. 在没有读这篇文章之前，你对中国人的印象如何？
3. 你最欣赏中国人的哪些方面？最不喜欢中国人的哪些方面？

---

① 稀罕：稀奇。
② 威胁：用威力逼迫使人让步。
③ 成见：对人或事物所抱的固定不变的看法（多指不好的）。

12 从前门下车

晚上下班的时候，我在公交站台等车。站在我旁边的是一个二十岁出头的农民工，穿着一件发白的工作服，头发乱蓬蓬（luànpéngpéng）①的，灰头土脸，拎着一只破旧的口袋。看着他一身脏兮兮（zāng xī xī）②的样子，我不由得往旁边挪（nuó）③了挪，怕被他挤着。

公交车终于来了，那小伙子倒也识相（shí xiàng）④，不和别人挤，最后一个上了车。这是一辆无人售票的公交车，可是小伙子翻遍了口袋，也没找到零钱。他举着张五元的票子，尴尬地站在那里。“你自个儿找人换吧，要不你先投币，过会儿向上车的乘客收。”司机冷

---

① 乱蓬蓬：很乱的样子。
② 脏兮兮：很脏的样子。
③ 挪：移动位置。
④ 识相：会看别人的眼色和神色做事情。

冷地说。我心想，这小伙子也真是的，乘车也不知道带些零钱，这下可麻烦了吧！还好，旁边一个阿姨掏出钱包，数出五个硬币，换给了他。小伙子接过钱，一脸谦恭(qiāngōng)①地道谢。

小伙子投了一元钱后，并没有向后走，就一直站在前门。车子快到站的时候，小伙子小心地对司机说："师傅，请您开一下前门，我从前门下去。"司机头也不抬地说："前门上，后门下。这个规矩你都不懂呀？去后门，赶紧！"

"前门上，后门下"，小伙子怎么会不懂这个规矩？或者是不是做了一天的体力活，太累了，小伙子连多走几步都懒得动了呀？

"不不，师傅，您误会了。我是身上脏，往后走怕挤着大家了。"小伙子涨红了脸，急忙解释。

前门开了，司机回头朝小伙子笑了笑，说："今天为你破例(pò lì)②一次，小师傅，走好！""谢谢！"小伙子道了声谢，下了车。看着小伙子远去的背影，我的心里涌起一阵阵感动……

动脑筋

1. "我"看到农民工等车，为什么往旁边挪了挪？
2. 无人售票的公交车有些什么规矩？
3. 小伙子为什么要在前门下车？

---

① 谦恭：谦虚恭敬。
② 破例：打破常例。

中

ZHONG

1 “剩男”相亲

小赵是我们单位的“剩男”，三十多岁了，还没成家。他找不到女朋友，倒不是因为长相不好，也并非家庭和工作的原因，怪只怪他那张嘴，一见姑娘就紧张，一紧张就说错话，惹得人家姑娘一个个离他而去。

为了帮助小赵，我们大家决定对他进行日常口语培训。大家先一起向小赵强调了“话到嘴边停三秒”的重要性，接着模拟了各种恋爱的情境。直到大家一致认为小赵说话没问题了，才又张罗着给他介绍了一个姑娘。这次约会之前，我们再三告诫（gào jiè）[①]他，在和姑娘熟悉以前，尽量少说话。等到有一定的感情基础以后，哪怕说错几句，也没有什么问题。小赵听后，连连点头。

约会定在下午六点，小赵在我们期盼的目光中上路了……不到一个小时，小赵就兴高采烈地哼着小曲回来了。看样子，情况不错。我们问他：“都和姑娘聊了些什么？我们大家也好帮你分析分析。”小赵不好意思起来：“就是平时的那些话呀，也没啥特别的。她问我，以前有没有谈过女朋友。”“那你怎么说？”我们不由得紧张起来。小赵嘿嘿一笑，说：“我当然是按照你们事先教给我的那一套说了。只谈过一个，没两个月就吹了，对方嫌（xián）[②]我太古板（gǔ bǎn）[③]，

---

① 告诫：警告劝说。
② 嫌：不满意。
③ 古板：呆板，没有变化和改进。

不懂得花钱……”“嗯，不错，还有呢？”我们继续追问。

“我俩路过一个水果摊时，她想买些梨吃，我让她别买，说刚见面不能‘离’。我帮她买了个苹果，希望她平平安安。”

大家纷纷对小赵竖起大拇指，一致认为，这事儿，有戏。

就在我们张罗着让小赵请客时，他忽然吞吞吐吐（tūntūn tǔ tǔ）[1]地说：“哦，对了，我刚想起来，就在我们临分别的时候，我说了一句话，不知道人家姑娘听了会不会多心。”

“你说了啥？”大家异口同声地问。

“当时，我们走在一条胡同里，”小赵说，“走着走着，我看前面没路了，就对她说，赶快回去吧，咱们到头了……”

（根据白一波《剩男相亲》改编）

想一想

1. “剩男”“剩女”是指什么人？
2. 小赵找不到女朋友的原因是什么？
3. 这次约会你觉得他会成功吗？为什么？

---

① 吞吞吐吐：有话不敢说出来的样子。

2 两道选择题的启示[1]

qǐ shì

选修课上，教授面带微笑，走进教室，对我们说："今天来做一项问卷调查，请同学们帮个忙。"一听这话，教室里便议论(yì lùn)[2]开了，这门课本来很枯燥(kū zào)[3]，这下好玩多了。

问卷发下来了。一看，只有两道题。

第一题：他很爱她。她细细的瓜子脸，弯弯的眉毛，美丽动人。可是有一天，她不幸遇上了车祸，痊愈后，脸上留下几道大大的疤痕。你觉得，他会继续爱她吗？

A. 他一定会　　B. 他一定不会　　C. 他可能会

第二题：她很爱他。他是商界精英，儒雅(rú yǎ)[4]沉稳(chénwěn)[5]，敢打敢拼。忽然有一天，他破产了。你觉得，她还会像以前一样爱他吗？

A. 她一定会　　B. 她一定不会　　C. 她可能会

---

① 启示：通过启发提示而领悟的道理。
② 议论：对人或事物的好坏、是非等发表意见。
③ 枯燥：单调，没有趣味。
④ 儒雅：气度温文尔雅。
⑤ 沉稳：沉着，稳重。

一会儿，我们就做完了。问卷收上去，教授一统计，发现：第一题有百分之十的同学选A，百分之十的同学选B，百分之八十的同学选C。第二题呢，百分之三十的同学选了A，百分之三十的同学选B，百分之四十的同学选C。

“看来，美女毁容比男人破产，更让人不能容忍啊。”教授笑了，“做这两道题时，你们是不是把他和她当成了恋人关系？”

“是啊。”我们答得很整齐。

“可是，题目并没有说他和她是恋人关系啊？”教授看着大家，“如果，第一题中的‘他’是‘她’的父亲，第二题中的‘她’是‘他’的母亲。让你把这两道题重新做一遍，你还会坚持原来的选择吗？”

问卷再次发到我们的手中，教室里忽然变得非常安静，一张张年轻的脸庞变得凝重（níngzhòng）[①]而深沉。几分钟后，问卷收了上去，教授再次统计，两道题，我

① 凝重：端庄，庄重。

们都百分之百地选了A。

教授的语调深沉而动情："这个世界上，有一种爱，无私无求，不随季节更替，不因名利改变，这就是父母的爱啊！"

善待父母，他们永远是最爱我们的。

想一想

1. 你有没有做过让父母感动的事？如果有，最让他们感动的一件事是什么？
2. 你同意中国人讲的"孝道"吗？你如何理解"孝"？

3 请爱陌生人

2009年初，中国红十字会（Red Cross Society of China）面向全国招聘①一名员工，并公开说重能力不重学历，重人品不重资历。由于待遇丰厚，网上报名人数就已经超过两千七百人。

最后只有三人进入了面试。面试由中国红十字会秘书长王海京先生亲自主持。

面试开始了，在前面的环节中，三个年轻人难分上下。

最后一道题，播放的是一段视频（video）：一个年轻漂亮的姑娘正在穿过马路。突然，一辆大卡车快速冲过来。眼看惨剧就要发生，她旁边的一个小伙子猛扑过来，推开姑娘，自己却倒在了血泊当中。

王海京秘书长说：“这是1999年发生在山东济南的一场真实的交通事故。现在请你们根据这段画面，来判断这个小伙子与这位姑娘是什么关系。”

短短三分钟的视频，就想判明两人之间的关系，可真有难度啊！

第一个年轻人想了想说：“他们是情侣（lovers）关系。你看他们的上衣，

---

① 招聘：用公告的方式聘请。

分明是一套情侣装嘛！”

第二个人回答：“他们是兄妹关系。我注意到，他们的鼻梁上都有一道明显的皱纹，现代医学证明，鼻梁上的皱纹都是遗传因素造成的。”说完，他颇为得意，这个发现可不是谁都能观察（guānchá）①到的。

王海京秘书长笑了：“你真细心啊，这么微小的细节都能注意到。”说完，他把目光投向了第三个年轻人。

“很抱歉，我实在找不到任何有价值的线索。”第三个年轻人显得有点语无伦次（yǔ wú lún cì）②。前两位年轻人看在眼里，笑在心里，庆幸（qìngxìng）③少了一个竞争对手。

① 观察：仔细察看（事物或现象）。
② 语无伦次：话讲得很乱，没有条理层次。
③ 庆幸：为事情意外地得到好的结局而感到高兴。

“但我宁愿相信他们仅仅是陌生人。”第三个年轻人顿了顿，接着说，“在这种危急关头，任何一位有良知的人，都会挺身而出，又何必非要是情侣或兄妹呢？”

听了这个回答，王海京秘书长露出了欣慰的笑容，他走过来用力握着第三个年轻人的手，真诚地说：“欢迎你的加入。”

其实这是一道心理测试题，目的是测试应聘者首先想到的是什么，因为这才是一个人最真实的意识。

想一想

1. 假如你是面试者，你会猜测视频中的漂亮姑娘和小伙子是什么关系？
2. 在你的生活中有没有发生过突发的不幸事件？如果有，你是如何面对的？如果没有，你有没有想过一旦发生你将如何应对？

4 村里来了个洋教师

大卫来到顺河村的时候，已经有不错的汉语口语水平了，加上曾三次到中国旅游，大卫经常竖着大拇指说：“我是一个中国通(zhōngguótōng)①。”

顺河村有山有水，是大卫一直寻找的理想地方。大卫带的钱不多，但一部数码相机和一台笔记本电脑常不离身，那算是贵重的东西了。

大卫在一所学校当义务(yì wù)（voluntary）英语教师。来到学校后，校长笑呵呵地向大卫介绍：“我们这儿早上吃羊，中午吃鱼，晚上吃蛋。”大卫瞪圆了蓝蓝的眼睛，惊讶而天真地问：“那不早已经是小康(xiǎokāng)②了？”围观的学生“哄”地笑了，那笑很羞涩(xiū sè)③，也很小心。有个调皮的学生后退几步，喊道：“那你连着念念！”喊完拔腿就跑。

“羊——鱼——蛋，洋芋蛋(yáng yù dàn)（potato）！”大卫也笑了。大卫知道，洋芋蛋是土豆，他吃过，味道还算不错，就是淀粉(diànfěn)（starch）含量多了点儿。

大卫当老师的消息在村里引起了不小的风波(fēng bō)（disturbance），有人找到了校长：“那可不行，电视里的那些外国人可开放了，一见面就搂搂抱抱，亲嘴

---

① 中国通：对中国非常熟悉、了解的人。
② 小康：中等以上的生活水平。
③ 羞涩：害羞。

乱摸，可别教坏了我们的孩子。让他走！”

大卫当然没走。大卫的目标是要教遍学校的各个年级，游遍顺河的山山水水。

“你们念的不是英语，我教你们正宗（zhèngzōng）[①]的英语，来，先从我的名字开始：Davy——戴——维。”学生们小声地念着，几遍之后，见大卫双手齐齐地竖起大拇指，便羞涩地笑了。

放学后，大卫的相机就忙开了，到处寻找蓝的天、绿的地、清的泉、嫩的叶、红的果。

不久，有好消息传进村子和学校，在省里举行的英语朗诵比赛上，村里的学生拿了一等奖。评委们说，大山沟里的学生能有这么标准的口语，简直令人难以相信。

村子像被好消息烧着了火，处处都是称赞声。获奖学生的父母把这事当成了大喜事来办，大摆酒席（dà bǎi jiǔ xí）（make a feast），一点儿也不谦虚地接受着大家的祝贺。鞭炮响过后，他们还拉着孩子去给大卫磕头（kē tóu）（koutow）。大卫微笑着举起相机，可学生却死活笑不出来。大卫就鼓励说：“平时上课之前，你们问候我早上好怎么说?”大卫知道，最后一个单词是自己的名字，只要发音标准，就会是一个标准、灿烂的微笑。

平时他总是让学生直接叫他的名字，哪里传来一声“戴维”，哪里就有一张笑脸，到处都暖洋洋的。

学生的“戴”音拖了半天，让身后的父母着急地一推，脱口而出的称呼

---

① 正宗：真正的。

竟然变成了“戴大爷”。于是笑声就来了，大卫的相机忙活得更厉害了。

学生的父母抓紧机会说：“这孩子去省里都能上台朗诵，可一回到村里，平时见到人都不敢说话。洋老师你有本事，再给治治这毛病，见得了大世面（shì miàn）①见不得小场面（chǎngmiàn）②，这可怎么行？”

大卫便把电脑带进了课堂，大卫要给学生上一堂关于自信的课。只几秒钟，所有的学生都呆呆地盯着电脑屏幕。是的，谁都想象不到，自己身边砍柴割草的山，洗脚捉鱼的小溪，阴晴分明的天，经过大卫的小相机、小电脑这么一弄，竟如此的美，美得让人不敢相信。

① 世面：社会上各方面的情况。
② 场面：一定场合下的情景。

走的那天，大卫悄悄地选了个星期天，他怕见到那种离别的场面。可背着有半个人高的大包走在路上的大卫，还是引起了在山上割草的孩子们的注意。慢慢地，聚起来的送行队伍逐渐就有了一小队，和山路一样弯曲。孩子们挥舞
lián dāo
着镰刀（sickle），大声地用标准的英语呼喊着：“Davy, will you come back tomorrow?”

“Of course！但是明年我会把我太太和孩子都带来！”

huídàng
于是，欢快的呼喊和笑声，在山间回荡①（reverberate）着，久久不散。

（根据巩高峰《村里来了个洋教师》改编）

想一想

1. 大卫为什么喜欢顺河村？他要在那里干什么？
2. 大卫的英语课上得怎么样？大人们的态度有什么变化？
3. 大卫的相机里有些什么？
4. 孩子们对大卫的感情怎么样？你觉得大卫还会再来顺河村吗？

---

① 回荡：声音来回飘荡。

5 姻缘（marriage made by fate）测试

yīn yuán

前两天太太上网时，无意中进到了一个“姓名姻缘测试”网站。网站上说，网友只需在网页上输入情侣的姓名，网站就可以告知两人的姻缘情况，准确率（rate）达到98%。

lǜ

太太半信半疑地问我，这种姓名姻缘测试是否可信？我心里知道，这种测试不过是拿来玩玩的小游戏，不能当真，但还是笑着说：“姻缘测试是统计（statistics）后得出的结果，完全可以相信啊！”

tǒng jì

太太若有所思地说：“那我就试一下，你先闭上眼睛，静静地等待测试结果吧。”

我连忙闭上了眼睛。

过了一会儿，太太让我睁开眼睛，只见电脑屏幕上跳动着一排火红的大字："恭喜两位有情人！经过我们的科学测试，在茫茫人海中，你们是最佳组
pèi duì　cuòzhé　jiānxiǎn
合，最优配对（match）。虽然你们的爱情之路充满了挫折①和艰险②，但最终你们还是走到了一起……"

看到这里，我兴奋地对太太说："你看看我说的没错吧！我们是天上的一对，地上的一双。"太太的脸色却一直很难看，只是呆呆地看着电脑屏幕。

"怎么，这个结果你不高兴啊？"我好奇地问。

fèn fèn bù píng
"有什么好高兴的？"太太站起来，指着电脑愤愤不平③地说，"我刚才输入的是你和你前女友的名字。"

（根据余平《姻缘测试》改编）

想一想

1．"太太"在网上做姻缘测试，测试的结果怎么样？
2．看到结果，"太太"为什么很不高兴？
3．你在网上玩过什么测试？你觉得准吗？有趣吗？

---

① 挫折：失败，不如意。
② 艰险：艰难险阻。
③ 愤愤不平：很生气的样子。

6 朋友是用来麻烦的

两年前，他苦心经营三年多的小公司破产了，一夜之间，他不仅成了一个一文不名的穷光蛋，还欠了一屁股债，被人追着到处跑。家是不能回的，思来想去，只有去省城的一个朋友那儿躲一躲。

他和他的朋友从小一起长大，关系当然是没得说！小时候，有一次去海边玩，朋友不小心掉进水里，是他喊人把他救上来的，这种交情应该算深厚了吧！

可是下了火车，他又有些犹豫（yóu yù）[1]了，多年没见，朋友还是原来的朋友吗？记得朋友结婚的时候，他去参加了婚礼，朋友娶的是一个娇滴滴的漂亮女人，她会不会嫌弃自己呢？

想到这里，他把口袋里仅有的钱翻出来数了一数，在火车站附近找了一间最便宜的小旅馆住下。他心里想，住几天算几天吧！

一天，想不到朋友找来了。一见面，朋友就生气地数落（shǔ luo）[2]他："你真不够哥们，来省城也不找我，害得我到处找你，要不是你妈偷偷地打电话给我，我

① 犹豫：拿不定主意。
② 数落：列举过失而指责，泛指责备。

还不知道呢！”他低着头看着脚尖，不好意思地说：“这不是怕给你添麻烦吗？你看我现在，又脏，又穷，又臭……”

朋友在他的胸口打了一拳：“你还是那个脾气，朋友就是用来麻烦的，你不麻烦我，我才生气呢！”

那一刻，他一句话都说不出来，他只当全世界都抛弃(pāo qì)[1]了自己，却原来还有一个人深深地记挂(jì guà)[2]着自己，有这样的朋友，还能说什么呢？他只得乖乖地收拾行李跟着朋友去他家。

朋友的妻子给他收拾了一间明亮宽敞的屋子，为他准备了可口的饭菜，还叮嘱(dīngzhǔ)[3]他千万不要客气，就当在自己家里一样。他洗了澡，换了衣服，美美地睡了一觉。

之后，他调整好心态，到银行贷了款，抓住机遇，终于东山再起(dōngshān zài qǐ)[4]，不

---

① 抛弃：扔掉不要。
② 记挂：惦念，挂念。
③ 叮嘱：再三嘱咐。
④ 东山再起：比喻失势之后重新恢复地位。

但还清了贷款，还有了安定的生活。

“朋友是用来麻烦的”，每当想起这句话，他心中便会温暖如春。

想一想

1. “朋友是用来麻烦的”，你同意这个观点吗？
2. 你能给“朋友”下个定义吗？

7 改变一生的闪念

多年前的一天，她正在家里睡午觉，突然电话铃响了。她接起来一听，里面传来一个陌生而粗暴（cū bào）①的声音："你家的小孩偷书，现在被我们抓住了，你快过来！"电话里，传来一个小女孩的哭闹声。

① 粗暴：粗鲁，暴力。

她回过头，望着正在看电视的自己唯一的女儿，心中立刻明白过来：肯定是有一个女孩因为偷书被售货员抓住了，又不肯让家里人知道，所以胡乱说了一个电话号码，却碰巧打到了她这里。

她本可以放下电话不管，甚至还可以责备对方，因为这件事和她没有任何关系。但通过电话，她隐约（yǐn yuē）①想到，那也许是一个因一念之差（yī niàn zhī chā）②而犯错的小女孩，现在一定非常惊慌害怕，正面临着可能是人生中最无助的时刻。犹豫了一会儿之后，她问清楚了书店的地址，就匆匆忙忙地赶了过去。

正如她所料，书店里站着一个满脸泪痕的小女孩，而旁边的几个大人，正大声地说着什么。她一下子冲了上去，将那个可怜的小女孩搂在怀里，转身对旁边的售货员说："有什么事就跟我说吧，我是她妈妈，不要吓着孩子。"然后她交清了罚款，领着这个小女孩走出了书店。看着那张满是泪水和恐惧的脸，她笑了笑，将小女孩领到家中，好好清理了一下，什么都没有问。小女孩临走时，她特意叮嘱说："如果你要看书，就到阿姨这里来吧。"小女孩深深地看了她一眼，便飞一般地跑掉了，从此再也没有出现。

一晃十几年过去了。一天中午，门外响起了一阵敲门声。她打开房门后，看到了一位年轻漂亮的陌生女孩儿，满脸笑容，手里还拎着一大堆礼物。"你找谁？"她疑惑（yí huò）③地问。小女孩激动地说了一大堆话，她才突然明白，原来她就是当年那个偷书的小女孩，现在已经大学毕业，今天特意来看望自己。

女孩儿眼睛里满是泪水，轻声说道："虽然我至今都不明白，您为什么当

---

① 隐约：不是很清楚，感觉不很明显。
② 一念之差：一个念头的差错，引起了很不好的后果。
③ 疑惑：心里不明白。

时愿意来充当我的妈妈，解脱（jiě tuō）①了我。这么多年来，我一直很想喊您一声'妈妈'。"她的眼睛因为泪水开始模糊（mó hu）②了。她有些好奇地问道："如果当时我不帮你，你会怎么样呢？"女孩儿轻轻地摇了摇头，说："我说不清楚。也许就会去做更傻的事，甚至去死。"她的心，不禁猛地一颤（chàn）③。

但望着现在女孩儿脸上幸福的笑容，她，也笑了。

（根据余平《改变一生的闪念》改编）

想一想

1. 偷书的小女孩不是"她"的女儿，"她"为什么还要赶去书店？
2. 小女孩为什么在十几年后才来看望"她"？
3. 如果当年"她"没有帮那个小女孩，现在小女孩可能会怎样？

① 解脱：开脱。
② 模糊：不清楚，不分明。
③ 颤：振动，抖动。

8 生死抉择[①]

jué zé

pū tiān gài dì

天还没有亮，203路公交司机滨子已经在上班的路上了。雪花铺天盖地[②]地撒下来，滨子有一些抱怨。虽然冬天的雪景很美，但作为司机，他最讨厌这样的天气。

离单位还差两个街口，滨子却突然停了下来。在他左侧的路口，一辆203路公交车摇摇晃晃，似乎正准备停下来。要知道，那可是一个十字路口，何况在这样的天气，这样一个正值上班高峰[③]的时候！太危险了！这是哪个司机？真是吃了豹子胆！

gāo fēng

---

① 抉择：挑选，选择。

② 铺天盖地：形容声势大，来势猛，到处都是。

③ 高峰：比喻事物发展的最高点。

还好，那辆公交车在拐过路口之后，稳稳地停在了路边。随即，应急灯闪亮起来。乘客们神色慌张地吵嚷着下了车。

出问题了！肯定出问题了！

容不得多想，滨子调转方向，加快脚步。

走到近前，看清楚车牌号，滨子知道司机是谁了。按理说，小兄弟何国强进车队五年了，从来没出过任何事故，至于车，更不可能出现问题，那是全车队刚刚买进的最好的一辆车，队长就是因为最相信何国强，才让他来驾驶的。可今天这是怎么了？滨子有些着急……

乘客们已经全部下车。滨子迅速上车查看："小何，出了什么问题？车子怎么停下来了？"

何国强端坐在驾驶座上一动不动，一声不吭。这让滨子有些恼火（nǎohuǒ）[①]。"怎么回事儿？说话呀！有啥困难有哥儿们呢！"

滨子边说，边走到何国强身旁，拍拍他的肩膀还准备多说几句，却见何国强双眼紧闭、表情痛苦地靠在椅背上。

"小何！小何！小何！"滨子才觉得不对，连声呼喊，却不见何国强有任何反应……

救护车第一时间赶到。不是一辆，而是很多辆。因为，在打"120"的时候，何国强说的是：有位公交司机在车上突发急病……所以，医护人员觉得事况紧急，伤亡情况可能会很严重，便及时调来了多辆救护车。

但是，离去的，的确只有公交司机——何国强。

---

① 恼火：生气。

医生说，何国强是因为突发脑干出血……脑干出血发病速度很快，甚至一两分钟之内病人就会昏迷，感觉非常痛苦。同时，病人在发病时，极有可能会出现头晕、看东西模糊等症状……

滨子，一个刚强的东北汉子，面对着众多医生护士哭得不能自已！

他说，他登上车的时候，熄火的公交车已经拉上了手刹。也就是说，何国强在生命的最后时刻，不仅将车安全地停在路边，打开警示灯，还拉起了手刹，开了下客门。这对于当时的何国强来说是多么艰难啊！

2007 感动哈尔滨人物何国强，一个平凡的公交司机，用生死之时非凡的抉择，告诉了我们什么是职责！

（根据姜皓《生死抉择》改编）

想一想

1. 何国强在生死关头的举动有没有触动你？假如你正好是何国强开的公交车上的一名乘客，当别人问你时，你会如何谈这件事？
2. 假如你是一名船长，在海上航行时不幸遭遇海难，而救生艇载客有限，你将如何安排人员逃生？

9 借一只手鼓掌

在学校组织的一次演讲比赛上，我的儿子缩在我的身旁，自始至终，他都没有勇气上台参加比赛。我不断地给他打气，告诉他不要怯场（qiè chǎng）①。我知道，这样的场合对于锻炼孩子是多么的重要。

儿子去后台做准备了，我坐在那里心里七上八下的，不经意间回头时，却发现旁边的座位上坐着一位普通的妇女，衣着很简朴，使我一下子想起了电视里的农民工。她凑过来说："孩子参加比赛？"我点点头表示同意，不想多说话。她却仍要继续与我搭腔（dā qiāng）②："我女儿也来了，她第七个出场。"

我似听非听地迎合她，却一心只关注儿子的情况，因为他马上就要出场了。儿子在台上的表现还算令我满意，他脸上的镇定自若（zhèndìng zì ruò）③虽然是装出来的，但我已经心满意足了。

我悬着的心刚放下来，突然旁边那位妇女欢呼起来，她不断地向场上的一位女孩打着招呼。显然，那是她的女儿。我看了一眼那个孩子，她衣着朴素，

---

① 怯场：因害怕而不敢上场。

② 搭腔：交谈。

③ 镇定自若：很镇定，不慌张。

紧张得不得了。她的故事讲得也不太精彩，让人昏昏欲睡(hūnhūn yù shuì)①，但是那位妇女却始终认真听着，嘴里不时说：“不错，真是我的乖女儿。”

虽然现场没有几个人认真倾听这个孩子的演讲，但她却认真地听着，也许在她看来，女儿的声音是世界上最动听的音乐，哪怕现场没有一个听众，没有一个评委，她也会认真地听完女儿的演讲。

小女孩演讲结束了。台下没有掌声。小女孩鞠躬的身影让我的心为之一颤。突然，旁边那位妇女说：“这位家长，借一下您的手可以吗？”我正茫然(máng rán)②时，猛地发现，她衣服的左袖在风中飘荡着，是空的。

① 昏昏欲睡：头脑不清醒，很想睡觉。
② 茫然：完全不知道的样子。

这也许是我听到的世界上最不一般的心愿了。我的右手与她的右手撞在一起，节奏由舒缓变成紧凑，慢慢地，全场响起了雷鸣般的掌声。那个小女孩深情地向母亲投来感动的目光，我的眼泪也在眼眶里打转……

（根据古保祥《借一只手鼓掌》改编）

想一想

1. 你参加过比赛吗？参加比赛时有没有紧张怯场的感觉？
2. 你觉得“我”旁边的那位妇女是个什么样的母亲？
3. 看到母亲“借一只手鼓掌”，如果你是那个女孩，你会有什么样的感受？

10 比她多爱16年

那一年我上初三，我为那次约会策划了好几周，丽娜终于同意出来和我见面了。全校的人都知道，她是一个高傲（gāo' ào）（arrogant）的女孩子，她父母对她管教得很严，就像我父母对我管教得很严一样。

我对父母撒谎说，学校将组织一次短途旅行，这样我就争取到一天的约会时间。

我和丽娜在一家小饭店吃了午餐，然后手拉手去看了一场电影。傍晚，我们漫步在大街上边走边谈。生活一下子变得美妙无比。

突然，路对面的行人当中，有一个人影闪入我的眼帘并让我的心为之一惊。糟糕（zāogāo）①的是，这个人正穿过马路朝我走来，他正是我的父亲。

刹那间，所有的罗曼蒂克（luómàn dì kè）（romantic）都从我心中消失得一干二净，取而代之的是恐惧。我知道，严厉的父亲不会容忍我撒谎，更不会容忍我早恋，他将在众人面前责骂我，让我难堪（nánkān）（embarrassing），让我在丽娜面前丢脸。

我恨不得地上有一条缝，好让我钻进去，但是，我无处可逃。

父亲走过我的身边，和其他陌生行人一样，跟我擦肩而过，仿佛根本没有认出我来。我紧张的心放松了下来，说不出当时是怎样的一种心情。

晚上，我回到家，心里依然恐惧。晚饭时，我一点食欲也没有。让我吃惊的是，和往常一样，除了我之外，全家人表情轻松，谈笑自如，没有人提起我今天的事。我匆匆吃完饭，跑进自己的房间，心中更加忐忑不安（tǎn tèbù'ān）（uneasy）。

过了一会儿，父亲走进我的房间，在我身边坐下。我吓得不敢出声，但是，我从他的眼神里看到了柔和。他语气平和地问道："小伙子，今天的约会怎么样？她长得很漂亮，也很可爱！"

我一五一十地将我第一次约会的情况告诉了他，并补充说："爸爸，我感到今天时间过得很快，就像只有几分钟似的，一晃而过。"

---

① 糟糕：事情、情况坏得很。

父亲笑起来："你知道，爱因斯坦说过，当你的手放在热锅上时，一分钟像一小时；当你与一个美女谈心时，一小时像一分钟。这表明你珍惜你拥有的，这是一种美好的感觉。"

父亲从来没有这样和我谈过话。此刻，他更像是我的朋友。

我们谈了一个多小时。在这一个多小时的谈话中，我多次想告诉他，我不该撒谎，不该早恋；我更想问他，为什么现在只有我们两个人时，他也不明确地指出我不对的一面。

父亲离开房间时，说了一句话，我至今难忘："小伙子，你的女朋友爱你，但是，你的老爸比她多爱你十六年。"

想一想

1. 你知道这个世界上最爱你的人是谁吗？
2. 你认为父母对孩子管教得严好不好？你认为父母和子女除监护关系外，能不能有朋友关系？
3. 你的初恋是在几岁？你有喜欢的女孩（男孩）吗？
4. 你认为年纪比较小的时候就开始谈恋爱好不好？你有心上人时会不会告诉你的家人？

11 能给予（give）就不贫穷

（给予 jǐ yǔ）

教师节那天，一大群孩子争相给他送来了礼物，有鲜花、卡片、千纸鹤……一张张小脸上满是快乐，好像过节的不是老师，倒是他们。

一张用硬纸做成的礼物很特别，是在硬纸板上画了一双鞋。看得出，红纸是自己剪的——周边很粗糙（cū cāo）（rough）；图是自己画的——形状很不规则；颜色是自己涂的——花花绿绿的；上面歪歪扭扭（wāiwāi niǔ niǔ）①地写着："老师，这双皮鞋送给你穿。"看最后的落款像是一个女孩。他刚来这个班，对学生还不是很熟悉，因为从开学到教师节，也就十天。

他把这双"鞋"认真地收了起来，"礼轻情义重"啊！

节日很快就过去了。一

① 歪歪扭扭：歪斜不正的样子。

天，他在批改作文的时候，看到了这个女同学送他“皮鞋”的理由。

“别人都穿着皮鞋，老师穿的是布鞋，老师肯定很穷。我做了一双很漂亮的皮鞋给他，不过那双鞋不能穿，是画在纸上的。我希望将来老师能穿上真正的皮鞋。我没有钱，我有钱就一定会买一双真的皮鞋给老师穿。”这是一个不足十岁的小姑娘的心愿，他的心为之一动。但是，她怎么知道穿布鞋就是穷人的标志？他想问问她。

当她站在他面前的时候，他似乎找到了答案，因为他看见她正穿着一双布鞋，鞋的周边已经开了花。这双布鞋显然与他脚下的这双布鞋不一样。

于是有了下面的谈话：

“爸爸在哪里上班？”

“爸爸在家，失业了。”

“妈妈呢？”

“不知道……走了。”

他再一次看到了她脚上的布鞋，那一双开了花的布鞋。

他从抽屉里拿出那双“鞋”来，他感受到了这双“鞋”的分量（fènliàng）①。

她问：“老师你家里也穷吗？”

他说：“老师家里不穷，你家里也不穷。”

“同学都说我家里很穷。”她说。

他说：“你家里不穷，你很富有，你知道关心别人，送了那么好的礼物给老师。老师很高兴，你高兴吗？”

---

① 分量：重量。

她笑了。

"和老师穿一样的鞋子，高兴吗？"

她用力地点了点头。

他带她来到教室。他问大家老师为什么穿布鞋。有的同学回答说好看；有的说透气（tòu qì）（ventilate），因为自己的奶奶也穿布鞋；有的说健身，因为自己的爷爷打太极拳的时候都穿布鞋；很奇怪没有人说他穷。他说："穿布鞋透气、舒适，有益健康。而且，脚上穿着布鞋心里却装着别人，这是最让老师感到幸福的！"

只有富有的人才能给予，给予别人幸福。

能给予就不贫穷。

想一想

1. 教师节的时候，老师收到了一份什么样的特别礼物？
2. 老师的布鞋和小女孩的布鞋有什么不同？
3. 老师为什么说小女孩很富有？

12 轻点关门

fèi le jiǔ niú èr hǔ zhī lì
费了九牛二虎之力①，我们终于搬进了新居。送走了最后一批前来祝贺的朋友，我与妻子便重重地躺倒在沙发上休息。

忽然，门铃响了。这么晚了还有客人？我忙起身开门。门外站着两位不认识的中年男女，看上去是一对夫妻。在我的满脸疑惑中，那男子自我介绍说，他们是一楼的住户，姓李，特地上来向我们祝贺乔迁（qiáoqiān）②之喜。哦，原来是邻居啊！我赶紧把他们往屋里让。

李先生连忙摆手："不麻烦了，不麻烦了，还有一件事情要请你们帮忙。"我说："千万别客气，能做到的事情我们一定效劳（xiào láo）③。"李先生道："以后每次出入的时候，能不能轻点关楼道的防盗门。我老父亲心脏不太好，他受不了重响。"说完，静静地看着我们，眼里流露出一股浓浓的歉意。我说："当然没问题，只是怕有时候急了，便会顾不上。既然你父亲受不了惊吓，为什么还要住在一楼？"旁边的李太太解释道："其实我们也不喜欢住一楼，既潮湿又脏，

---

① 费了九牛二虎之力：费了很大力气。
② 乔迁：指搬新家。
③ 效劳：帮忙。

但是老父亲腿脚不方便，而且心脏病人还要有适度的活动。”听完后，我心里顿时一阵感动，便答应以后尽量小心。两口子千恩万谢，弄得我们挺不好意思的。

在接下来的日子里，我发现，我们楼道的门与别的楼道的门确实不太一样，大伙儿开、关门时，都是轻手轻脚的，绝没有其他楼道时不时“咣当”一声的巨响。一打听，果然都是受了李先生所托。

转眼一年就过去了。有天晚上，李先生夫妇又按响了我们家的门铃。一见到我们，二话没说，就先给我和妻子深深地鞠了个躬，半天头也没抬起来。

我急忙扶起他们询问。李先生的眼睛还红肿着。原来，昨天晚上，李先生的父亲在医院去世了。临走之前，他没忘了跟李先生交代：非常感谢大家伙儿这些年来对自己的照顾，麻烦各位了；要李先生见到年纪大的邻居叩个头，年纪轻的，就鞠一躬，以表示自己对大家的感激。我用眼睛偷偷一扫，果然李先生裤子的膝盖处有两块灰迹，想必是叩头叩的。

送走了李先生夫妇，我忍不住感叹："轻点关门，其实只是举手之劳（jǔ shǒu zhī láo）①，居然还换来了别人如此大的感激，真是想不到也担不起啊。"

想一想

1. 李先生夫妇拜访"我"的主要原因是什么？
2. 李先生的父亲临终时有什么交代？李先生做到了吗？

---

① 举手之劳：形容一件事情很容易做。

下

XIA

1 换工作

深夜，一阵刺耳的短信声将我从睡梦中惊醒，我以为公司有什么急事，连忙打开一看，“快速办理证件，各种证件应有尽有，详情请回电……”

我顿时火冒三丈，拿起手机回拨过去，准备大骂一通。电话响了几声之后接通了，一把甜美的女声传了过来：“您好！这里是办证中心。”

我脑子里突然冒出个坏念头，于是装作若无其事（ruò wú qí shì）①地说：“你好，是楼下卖叉烧包（chāshāobāo）②的吧，我要六个，快点送来！”“叉烧包？”那边一愣。“你不是那个卖叉烧包的王阿姨吗？别开玩笑了，现在有生意给你做，快把叉烧包送过来吧！”我东一句西一句，搞得那个接电话的女孩摸不着头脑。见此情景，我心头顿时感觉解气（jiě qì）（work off one’s anger）了不少，心想：骚扰（sāo rǎo）（harass）我？看谁比谁狠！

打完这一通电话后，已经毫无睡意的我打开电脑，登录小区业主论坛，将刚才的事儿写进了帖子，并把那个电话号码发上论坛，呼吁（hū yù）（appeal）大家一起以买叉烧包的名义来整整那个发短信的人，解解我们平日被骚扰的怨气。

---

① 若无其事：好像什么事情都没发生一样。
② 叉烧包：用叉烧（一种烤肉）做的包子。

帖子发出不久，众多坛友都回帖表示用行动支持。几天来，接二连三的电话打过去开口即问："有叉烧包吗？给我来几个……"直到接电话的小姑娘气急败坏（qì jí bài huài）[1]地挂断电话。从此，每天拨打电话"订购"叉烧包成了大家的习惯。

这天晚上，我又照例打了一通"订包"电话，随即坐在电脑前玩游戏。过了一会儿，传来敲门声。我打开门，一个20多岁的小姑娘站在门口，手里提着一个塑料（sù liào）（plastic）袋，说："您好，刚才是您订的叉烧包吗？我给您送来了。""啊？你……你是？"

---

① 气急败坏：十分慌张或者恼怒。

小姑娘乐了，脸上有些羞涩，说道：“其实我就是那个办证的，现在生意不好做，既然那么多人喜欢吃叉烧包，我呀，就干脆改了行，卖叉烧包啦！”

思考与交流

1. 半夜“我”被短信声惊醒后，做了什么事？
2. “我”把别人电话号码放到论坛上，这样做对吗？
3. 小姑娘为什么改行？她现在做什么工作？

2 梦里有你

罗威刚要出门，就接到一个电话："罗威啊，我是李台阳。我马上就过来。"

罗威想：和李台阳这么多年没联系了，自己刚升职，莫不是……

门铃响了，门打开后，伸进一个乱蓬蓬的脑袋，一只黑色的塑料袋子"嗵"地放在地板上。

罗威说："是台阳啊，快请进。"

坐在沙发上，罗威递烟给李台阳。李台阳抽出一支，凑在鼻子上闻闻，说："罗威，你混得不错啊。"

"听说你要来，特地去超市买的。"罗威用打火机给他点烟。

李台阳嘻嘻一笑，放下烟，说："那么破费干吗？我早戒了，那东西耗钱（hàoqián）(costs money)。"

罗威说："那就吃些水果吧。"

李台阳也不客气，抓了个苹果，边吃边看房子，说："你这房子很漂亮啊。"

罗威说："我是'负翁（fù wēng）①'一个，现在每月还在还房贷（fáng dài）（mortgage）呢。"

李台阳说："你们夫妻俩都是白领（bái lǐng）（white-collar），这钱来得容易，债也还得快。哪像我们，能吃饱饭，不生病，孩子上得起学，就算不错了。"

罗威想，这像是要借钱的开场白（kāi chǎng bái）（opening remarks）吧。他说："是啊，现在，谁都活得不容易。"

李台阳说："你真是身在福中不知福。我打小就知道，你将来肯定比我活得有出息。"

罗威说："哪里哪里，也是混口饭吃吧。"

李台阳严肃地说："你这样说就不对了，人要知道满足，对吧？"然后，又开起玩笑："你可不要犯错误啊。"

两人聊起童年时的事儿，说到小时候的邻居谁离婚了，谁出国了，谁还是那么一副臭脾气，一聊聊到快中午，李台阳还是没说他来的目的。

罗威说："台阳，咱们去外面饭店吃饭吧，边吃边聊。"

李台阳说："今天肯定不吃了，我答应老婆回家吃饭的。"仍然继续刚才的话题。

罗威见他一直不提正事，又没有走的意思，想到自己下午还有个会，又不好意思催促，心里便有些七上八下起来，心想可能李台阳不好意思自己提出来，便说："台阳，你还在摆地摊（bǎi dì tān）（set up a temporary stall）吗？不如找个固定

---

① 负翁："负翁"这个词来自香港。1997年亚洲金融危机爆发，给香港的经济带来巨大的灾难性后果，经济长期不景气，失业率居高不下，房价跳水，股票套牢，直到2007年才恢复到1997年危机前的水平。很多人因为贷款购楼和炒股一夜之间从百万富翁到负债百万，被戏称为"负翁"。

的工作，做个保安什么的，收入也比那高啊。”

李台阳说：“我不喜欢做保安，我倒是想过自己租个门面，这样总比被城管（chéngguǎn）（city administration）赶来赶去强。”

罗威说：“城管大队的人我倒是认识，你今后有什么麻烦的话，我可以帮忙。”

李台阳拍了一下罗威的肩膀，说：“兄弟，有你这句话，说明我没有白惦记（diànjì）①你。十多年了啊，你还是这般热心肠（rè xīn cháng）②。好，我高兴，真是高兴啊！”边说边站了起来。

罗威说：“吃了饭再走。”

“老婆还在家等着我呢。好，我走了啊。”

听着李台阳“嗵嗵”的脚步声一路下去，罗威低头看了看地板上的黑袋子，打开来一看，原来是自己小时候最喜欢吃的鱼子干。

罗威不知说啥好，忽然觉得自己特不够朋友。

楼梯口又传来“嗵嗵”的脚步声，好像是李台阳的。罗威想：可能刚才他没勇气说出口，就冲这一袋子鱼子干，不管他提什么要求，自己一定想办法。

打开门，果然是李台阳，满脸都是汗珠。他不好意思地说：“你们这个小区像个迷宫（mí gōng）③，我绕来绕去总找不到大门。”

罗威说：“瞧我这粗心，应该陪你下楼去的。”说着，便和李台阳下了楼。走到楼下，李台阳去开自行车锁，那辆车和李台阳一般灰不溜秋、尘头垢面。

---

① 惦记：（对人或事物）心里老想着，放不下心。

② 热心肠：待人热情、做事积极的性情。

③ 迷宫：门户道路复杂难辨，人进去不容易出来的建筑物。

罗威问："你是骑车来的？"他知道李台阳住在城的西边，从那里骑车到他这里，起码要一个小时。

李台阳说："是啊，骑惯了。"

罗威说："台阳，你有啥困难只管开口，我能帮的一定帮你。"

李台阳说："没什么事，就想来看看你。"

罗威说："咱们这么多年都没联系了，你今天上门一定有事。你只管说，别开不了口。"

李台阳看看罗威，似下了决心般说："我说出来你可别生气。"

见罗威点头，李台阳说："我昨晚做了一个梦，梦见你得了重病，很多人都围着你哭。这一醒来，我心里就七上八下的，连地摊都不想摆了。知道你混得好，我也不想打搅（dǎ jiǎo）（disturb）你。可这梦搅得我难受，连我老婆都催我来看看你，看你气色这么好，我就放心了。唉，梦呗，我这人还真迷信。"

罗威的眼睛红了，他一下子抱住李台阳，说："兄弟！"

（根据赵悠燕《梦里有你》改编）

思考与交流

1. 李台阳是怎样一个人？罗威又是怎样一个人？
2. 你有好朋友吗？你认为像李台阳这样的朋友值得交吗？

3 眼 光

这个城市虽小，却出了两位名人。一位是靠做生意发家的王老大，一位是在书法界赫赫有名（hè hè yǒumíng）[①]的柳佰通。

王老大经商眼光独到，短短几年内就把一间小店发展成如今固定资产上亿元的大公司。新的办公大楼落成后，王老大就想请柳佰通为公司题字。可王老大知道，柳佰通虽能写一手潇洒的好字，但他比较清高，一般的有钱人他是瞧不上眼的。但自己的公司若不请柳佰通题字，肯定会被众人笑话。如果亲自登门，又怕被他拒绝。想来想去，王老大心生一计，忙叫助手从后院里搬来一瓮米酒，然后写了一封信，直接送到柳佰通的家里。

但柳佰通的儿子柳如看到那瓮米酒，却差点将它扔到垃圾堆里。

“真是狗眼看人低，那么廉价的酒也拿来送人。把我们当成乞丐啊。”柳佰通没有出声，双眼盯着那瓮米酒。那个瓮确实难看，大肚不圆，颜色也不鲜亮。柳如说：“爸，他看不起您，您也不要尊重他，这字由我来写，应付一下就算了吧。”

趁柳如写字的工夫，柳佰通打开瓮的封口，用小勺取出一点酒来。那酒一入口，顿时觉得酱香突出，辣中带着甜，回味悠长。这酒的质量绝对不亚于茅

---

① 赫赫有名：非常有名。

台。顿时，柳佰通明白了王老大的用意，他是在暗递信息：任何东西都不能以外表来判断好坏，做人各有各的风格，只要有淳朴（chún pǔ）（unsophisticated）的内心，他就是优秀的。柳佰通忙让柳如也过来品尝一下，柳如只喝了一口，就连称好酒。“怎么办？您重新再写一张？”柳如问父亲。“不，他能考我，我也要考考他。”柳佰通微笑着把儿子写好的字折叠（zhé dié）（fold）起来装进大号信封，写上地址，让儿子投到信箱去。

再说王老大把那瓮酒送出去后，心里就忐忑不安，不知结果如何。过了三天，王老大收到了柳佰通的回信。助手们听说后，都纷纷围上来观看。王老大拆开信封，慢慢地展开宣纸，差点没把大伙儿的鼻子气歪。那几个“王老大实

业有限公司”写得既无力也无神，随便找个人也写得比这强。大伙儿把柳佰通一顿臭骂。王老大心里也一片冰凉，他叹息一声，一屁股坐到了老板椅上，忽然觉得屁股底下有硬物，他摸出来一看，正是那个被撕开的大号信封。王老大愣了一下，忽然对助手们说：“就用柳佰通的字，快叫广告公司准备，公司按时举行开幕庆典。”

助手们一致认为王老大疯了——这样的字也敢挂？开幕式那天，公司门口围得水泄不通（shuǐxiè bù tōng）[①]。一块大红布把招牌包得严严实实。柳如听说王老大用了自己的字作公司招牌，真是又惊又喜，便请求父亲一同去看，柳佰通爽快地答应了。

中午，在人们期盼的目光中，红布被王老大慢慢揭开，顿时，会场上一片欢呼，那招牌上的字笔法精致，有血有肉；站得直，立得稳，独具风采。

柳如一下子愣住了，这的确是父亲的墨宝啊。王老大的助手们也糊涂了，他们都把疑惑的目光投向了柳佰通。柳佰通呵呵一笑，握住王老大的手说：“你呀，真是一个有眼光的商人，佩服啊佩服。”

（根据肖建国《眼光》改编）

思考与交流

1. 王老大为什么送一瓮酒给柳佰通？
2. 那个瓮怎么样？酒是什么味道的？王老大有什么用意？
3. 王老大公司的招牌最后用了谁写的字？
4. 说说柳佰通是怎么考王老大的。

---

① 水泄不通：形容十分拥挤。

4 希　望

有几天在院子里，老是看见邻居家一个小男孩，吃葡萄时把葡萄籽埋在一个装满土的花盆里。一开始，我并不在意，看久了，便问他："你怎么老把葡萄籽埋在花盆里啊？"

"我想种出葡萄来。"他头也不抬地说。

"可葡萄是用葡萄藤(téng)（vine）插栽(chā zāi)[①]的呀，你这样是种不出来的。"

"我知道。"

"那你干吗还这样做？"我更好奇了。

"种葡萄非要用葡萄藤不可吗？我就想创造奇迹。"孩子抬起头，眼里装满了希望。

之后，我总能看见男孩精心地为他种下的葡萄籽浇水，然后就蹲在花盆前发呆，眼中尽是希望，以至于院子里其他小孩叫他去玩，他也不理。显然，他沉浸(chén jìn)[②]在他的希望里。

男孩的家长后来才发现男孩的古怪。这天，他家里的酱油正好用完了，男

---

① 插栽：用插枝条的方法栽种。

② 沉浸：处在一种思想状态中。

孩正蹲在门外，他父亲叫他去买酱油，连叫了几声，没人应，出去一看，发现男孩呆呆地蹲在花盆前，他父亲便说："你蹲在这里干什么？叫你几声都听不见，你的心到哪儿去了？买酱油去！"说着，便把钱递给了孩子。

过了很久，男孩还没把酱油买回来，孩子的父亲慌了，忙走出去。一出门，就看见孩子还蹲在门口的花盆前，手里拿着他给的钱。

孩子的父亲生气了，过去一把扯着孩子的手，呵斥（hē chì）[1]道："你怎么搞的？叫你去买酱油，你还在这里？"

孩子的心思还在花盆里，葡萄籽埋进去很久了，还没发芽，孩子有些失望了，他说："我在想，这葡萄怎么就不发芽呢？"

① 呵斥：大声地责骂。

孩子的父亲听了，更气了，大声说："以前就跟你说过，你这样做是没用的，你真是执迷不悟①。"说着端起花盆，把它摔碎了。

zhí mí bù wù

孩子看着满地的泥土与碎片，哭了。

男孩毕竟还小，沉默了几天后就又恢复了以往的活泼，又开始和院里的孩子们一起快乐地玩了。

一星期后，我看见院里的一个女孩吃葡萄时也把葡萄籽埋到花盆里。我也想过去告诉她，葡萄籽长不出葡萄，但还没等我过去，男孩也看见了，他走了过去，对女孩说："你为什么要把葡萄籽埋到花盆里？"

"我想种出葡萄来。"

"种葡萄要用葡萄藤插栽的，你这样是种不出来的。"

"我知道。"

"那你干吗还这样做？"

"种葡萄非要用葡萄藤吗？我想创造奇迹。"女孩抬起头，眼里装满了希望。

男孩说："你这样做没用的。真的，我以前也这样做过，没用的。"

"种下去要每天浇水，你知道吗？"女孩问。

男孩点点头，张开嘴，还想说些什么，但什么也没说就跑回了屋子。

几天后，女孩的花盆里居然长出了嫩嫩的葡萄藤来，女孩开心极了。我看见她把院子里的小孩都叫去看，也叫了男孩，但男孩没去。男孩在一群孩子围着花盆时，一个人躲在一边流泪了。

---

① 执迷不悟：坚持错误而不改正。

我看见男孩流泪，就走过去，问：“你怎么在这里流泪？”

男孩说：“葡萄藤是她父亲插下去的，我看见了。”

男孩又说：“她父亲真好。”说着，男孩“呜呜”地哭了。

思考与交流

1. 男孩的父亲为什么要把花盆摔碎？
2. 为什么女孩的花盆可以长出葡萄藤？
3. 你觉得哪个父亲的做法更好一些？说说你的理由。

5 救命的是沙子

2000年5月，考古学家（kǎo gǔ xué jiā）（archaeologist）郭教授率领四个队员在当地向导的带领下，深入沙漠300公里，对大沙漠中的一座古墓（gǔ mù）（ancient tomb）进行考察（kǎochá）（inspect）。

几天后，他们在回来的路上，遇上了一场沙暴（shābào）（sandstorm）。罕见（hǎnjiàn）[1]的特大沙暴持续了近40分钟。渐渐地，沙暴的呼啸声减弱了，昏暗的天空慢慢亮起来，沙漠恢复了先前的寂静、干燥、闷热。突然，有人惊叫："骆驼呢？"原来，驮着（tuó zhe）（carry on the back）食品和水的骆驼在沙暴中受惊跑掉了。

大家着急了，分头寻找。半个多小时后，只找到一箱饼干、几袋牛肉和一些行李。队员们开始感到恐惧。这时，向导在一块突起的石头前发现了一只羊皮水囊（shuǐnáng）（water pocket）。队员大刘抢先冲上去想喝水，向导一把抢过来："不要抢，水是大家的。"

"我也有份，我先喝！"大刘毫不示弱。其他人随后也加入争抢之中。

"都不许动，把水囊给我！"一向和蔼可亲的郭教授突然取过向导手中的猎枪，大声喝道："从今天起，由我决定水的分配。"他从水囊中倒出一杯水，

① 罕见：非常少见。

说："每人只能喝两口，谁也不许多喝。"大刘不客气地问："你也只喝两口？"郭教授平静地说道："我只喝一口。"

杯子最先递到向导手中，他小心地喝了两口，好像在品尝世界上最甜美的甘露（gān lù）（sweet dew）；轮到大刘了，他毫不客气地喝了两大口水……杯子最后轮到郭教授手中，他只轻轻地喝了一口，然后把杯中剩下的水倒回水囊。

太阳像一个火炉，沙漠里遍地的黄沙似乎都在燃烧。大刘忍不住喊起来："教授，我的喉咙又冒烟了，再给我点水吧！"郭教授似乎没有听到，不作任何回应。

突然，大刘猛然向郭教授冲过来，想抢夺水囊。"乓"的一声枪响，子弹射在大刘脚前的沙地上，郭教授真的开枪了！大刘只好悻悻（xìngxìng）（resentful）地回到了队伍中。

水越来越少了。第四天早晨，当大家醒来的时候，郭教授已倒好了大半杯水。在大家分喝了水后，他宣布了新的用水规定：“从现在起，不到万不得已(wàn bù dé yǐ)①，不得喝水囊中的水！”没有人反对，因为郭教授每次喝的水最少。

下午，向导突然惊叫起来：“我们快到了！”疲惫不堪(pí bèi bù kān)（very exhausted）的人们开始活跃起来。大刘回头朝郭教授喊道：“教授，明天就要到小城了，我们可以喝点水吗？”的确，整整一个上午都没有喝过水了。郭教授没什么反应，身体踉跄(liàngqiàng)（stagger）着就要摔倒，大刘跑过去扶住他。郭教授将猎枪递给大刘，声音颤抖着对大刘叮嘱了些什么，就晕倒在大刘的怀里了。

有人提议给郭教授喝口水，大刘拒绝了。他命令大家轮流背着郭教授继续赶路，自己则提着猎枪和水囊走在队伍后面。走了一段路后，有人提出要喝水，大刘断然拒绝：“还不到时候！”

第五天，考古队终于回到了小城。直到这时，大刘也没有再让大家喝一口水，有人抱怨大刘比郭教授更苛刻(kē kè)（harsh）。大刘一句话也没说，他轻轻打开水囊的盖儿，将口朝下，一堆黄沙被倒了出来……

原来，在第四天早晨大家喝完那杯水后，水囊里就已经没有一滴水了。看上去依然鼓鼓的水囊里，是郭教授悄悄装进的沙子。

思考与交流

1. 沙暴之后，考古队遇到了什么难题？
2. 郭教授是怎么分配水的？
3. 郭教授晕倒前，可能对大刘说了什么？

---

① 万不得已：实在没有办法。

6 心　锁

刘师傅被人尊称为“锁王”，他技艺高超，只要是锁，没有他打不开的。因此，他在当地是个不大不小的名人，就连当地的警察也和他常来常往，一旦案件中有需要开锁的事儿，便请他去解决问题。因为有了这手绝活儿，刘师傅日子过得和和美美的。

为了学到刘师傅的绝技，不少人用尽各种办法想拜他为师，但都被他拒绝了。时间久了，大家都知道了他的这个古怪脾气，也就没人自讨没趣(zì tǎo méi qù)①去拜他为师了。但是，这并不影响刘师傅的声誉，他心地善良，乐善好施(lè shàn hào shī)②，如果你修锁时没钱，你只管走人就是，他从不开口要，等你下次来一并付了，他却早把这事给忘了，只会淡淡地说有这回事儿吗。

后来，刘师傅的年纪越来越大，身体一天不如一天。大家都劝他招个徒弟，因为邻居们怕丢了钥匙进不了家门；当地的警察怕他的绝技失传，影响案件的进展……刘师傅便想，这手艺还真不能后继无人，要不然会给大伙带来多少麻烦、多少不便啊！于是，经过挑选，他初步物色了两个年轻人，一个叫大

---

① 自讨没趣：把自己弄得不开心。

② 乐善好施：爱做好事，喜欢帮助别人。

张，一个叫小李。

刘师傅的绝技只能单传，也就是说只能传给其中的一个人。在经过一段时间的学习后，刘师傅发现，大张聪明伶俐（líng lì）（smart），为人热情豪爽；小李木讷老实，心地善良……两个徒弟各有特点，绝技传给哪个好呢？刘师傅决定对他们进行一次测试，谁表现得更好就把绝技传给谁。

刘师傅弄来了两个保险柜，分别放在两个房间内，然后让大张和小李分别去打开。大张用了不到十分钟就把保险柜打开了，在场的人都为他高超的技术叫好，大张也一脸得意。

小李用了十五分钟才把保险柜打开，技术明显不如大张。小李羞红着脸看了刘师傅一眼，但刘师傅并没有责怪他。

接下来，刘师傅平静地问大张："你打开的保险柜里都有什么？"大张得意地说："师傅，保险柜里有一沓百元钞票，一个金戒指，一块手表。"

刘师傅转身问小李："说说你打开的保险柜里都有什么？"小李的鼻尖上都有了汗珠，说："师傅，我没看保险柜里都有

什么，您只让我打开锁。”刘师傅赞许（zàn xǔ）[1]地对小李点了点头，连说：“好，好，好！”然后，刘师傅当场宣布，小李为他的接班人。

众人非常不明白，议论纷纷。大张也表示不服气，说：“凭什么呀，难道小李的手艺比我好？”刘师傅没有说别的，拍了拍大张的肩膀说，凭你的手艺和聪明劲，回去开个修锁的店还是饿不死的。大张仍然不甘心（gān xīn）[2]，非要刘师傅解释清楚他输给小李的原因。

刘师傅叹了口气说：“因为你打开了两把锁。”大张不解，说：“大家都看到了，我只打开了一把锁啊！”在场的人也都说：“是啊，大张没做错什么啊，刘师傅您是不是糊涂了？”

刘师傅微微一笑，转向大张，语重心长地说：“孩子，干我们这一行的，必须做到心中只有锁而没有其他东西，心中还必须有一把不能打开的锁，那就是心锁！”

在场的人一下子都明白了，大张也低下了头。

（根据侯发山《心锁》改编）

思考与交流

1. 刘师傅以前一直不收徒弟，后来为什么改变主意了？
2. 刘师傅用什么方法挑选徒弟？
3. 刘师傅为什么选择了小李？你觉得“心锁”指什么？

---

① 赞许：称赞。
② 甘心：愿意。

7 花儿记得一路的温情

那一年她考到北京读研究生的时候，曾有过犹豫，每年六千元的学费，让她这个失去父母一路靠减免学费读完大学的女孩，徘徊（pái huái）①了很久。最终，强烈的求知欲望，让她决定贷款再读三年。

班里总共十二个人，全是女孩。每天读完书，一群女孩最乐意做的，就是聚在一起，讨论流行服装、明星杂志、旅游名胜。她喜欢这群热情开朗的女孩，也喜欢听她们得意地聊天。都是女孩，所以能相互懂得彼此，她从没有因为自己经济困难，而自动地与这一群生活优越的女孩划清界限。而她们，也从没有因为她衣着朴素，而不屑（bù xiè）②与她聊新款的服饰。许多人在校园里，看见这样一群牵手走过的女孩，常常会惊叹：竟然还有如此心心相印（xīn xīn xiāng yìn）③的一群女孩，简直像枝头的一簇花儿一样呢！连她们的导师也称赞说，带过的每一届学生，都因为大家忙于挣钱忙于恋爱，而让一个集体如一盘散沙，甚至到最后一顿毕业晚宴，都无法聚齐；唯独这一届，全是任性爱臭美的小女孩，偏偏站在一起，像一株白玉兰树，大朵大朵的花绽放开来，便是一个灿烂的春天。

---

① 徘徊：比喻犹疑不决。
② 不屑：认为不值得（做）。
③ 心心相印：彼此心意一致。

但她还是在那一年的秋天里，偶尔感到了一丝想要逃避的凉意。她从一个小镇上来，大学也是在郊区读的，到了北京，又恰好遇到了这样活泼的“驴（lǘ）友（yǒu）[①]”，才让她知道，城市原来都像北京，有她无法想象的繁华。她从她们的口中，了解到全国各地许多好玩的去处和好吃的食物。她们怀揣着一股子诚挚的浪漫，决定在这三年里，将十二个人所处的城市，不仅逛遍，而且吃遍。这个决定一出来，她便有些不敢说话了，她不知道如何向她们解释，自己到了北京，才真正接触到了城市，此前，她从来没有将钱“浪费”在出行上。况且，每到一个城市，便由“东道主（dōng dào zhǔ）[②]”负责一切旅游费用，也是她无法承受的。但她的确不想扫大家的兴，只好悄无声息地退到一边去，等着她们商量出最终的行程路线后，再找一个合适的理由退出。

最终，她们决定抽签来确定三年的旅游线路。她依然记得那一个秋日的清晨，她与她们坐在银杏飘

① 驴友：“驴友”一词源自网络。“驴”是“旅游”的“旅”的谐音，“驴友”泛指参加自助旅游的朋友，他们互称驴友。

② 东道主：泛指接待或宴客的主人。

香的窗前，等着班长将十二张写有数字的纸条，团成一个个小小的球。她的脸上，除了微微的紧张，还有一丝丝的哀伤。她希望自己能够抽到最后一个，这样，她就可以用三年半工半读攒下的钱，请这帮好姐妹逛一次自己的小城，尽管那个小城里没有高楼大厦，也没有长长的购物街，但那里有青山绿水，她可以带她们在小溪旁的绿地上，宿营，点起篝火，唱歌，或者笑成一团。可是，她更希望的，是自己在抽到后，能够找到一个不伤害彼此感情的理由，做一个梦想的旁观者。是的，她是情愿做一个旁观者的，她并不抱怨命运，她不想让别人看到自己的困难，但她会微笑着，为她们充满迷人芳香的旅程，点起祝福的火把，将她们过往的每一个小站，一一照亮。

当班长将十二张纸条郑重(zhèngzhòng)[1]地放在桌子中间的时候，大家都不约而同(bù yuē ér tóng)[2]地看向班长，等候她下令来抽。班长很酷地一伸手，指指坐在身旁的她，笑道："今天我这班长，为自己谋点私利，谁有幸挨在我右边，谁就先抽。"她羞涩地低下头去，为自己的这一特权，微微红了脸。其余人则"嗷"一声取笑班长的自以为是，但笑过之后，则叫道："这次就给班长一个面子，你先抽吧。"她看一眼眉飞色舞的班长，笑一声，将手伸向桌子，略一停顿，便拿起其中的一个。她刚一拿起，其余十一只手，便飞速地将纸团捏起。她还没有打开，周围的人便高声嚷开了自己的顺序。班长则在一旁，飞快走笔，迅速记了下来。大家挤闹成一团，她是最后一个将自己的号码告诉班长的。事实上，不用她告诉，班长也能从记录里毅然地断定，她一定是最后一个了。

---

① 郑重：严肃认真。
② 不约而同：没有事先商量而彼此见解或行动一致。

她的确幸运地成了最后一个。她想，三年的时间，足够她挣一笔路费，请她们去安静的小镇上玩。这，应该算是自己，回馈（huí kuì）①给她们这份姐妹情谊的最好的礼物了。

（根据安宁《花儿记得一路的温情》改编）

思考与交流

1. 你能想到“她”为什么抽到的“一定是最后一个”吗？
2. 你认为穷人有尊严吗？穷人需不需要理解和尊重？
3. 你通常怎样和经济比较困难的朋友相处？你通常会怎样帮助他们？

① 回馈：回赠，回报。

8 借一元钱坐车

我参加过电视台的一个游戏节目，游戏内容是我身上没带一分钱，但我得去乘一辆公共汽车，车票的价格是一元钱，我要想办法“借”到一元钱。我在前面借钱，电视台的摄像机（shèxiàng jī）（camera）会在后面跟踪（gēnzōng）（follow closely）偷拍（tōupāi）（take a picture secretly），拍下我在这个游戏中可能碰到的种种情况。

我到了公共汽车站，犹豫了很久，才鼓起勇气对一位大伯说：“大伯，我的钱包被人偷走了，能借我一元钱坐车吗？”大伯头也不抬地说：“你们这种人我见得多了。现在到我这儿来讨一元钱，转个身又到别人那儿讨一元钱，一个月下来，你们的收入比我的工资还要高呢。可恶（kě wù）（hateful）！”大伯显然将我当成了职业乞丐（qǐ gài）（beggar），我一下子什么话也说不出来，第一个回合就失败了。我深吸了一口气，准备第二次尝试。

这次，我看准了一位大妈。我红着脸上去搭话：“大妈，我的钱包被人偷走了，我现在身上一分钱也没有了，您能不能借我一元钱让我坐车回家？”大妈认真地看了我一眼说：“年轻人，我看你像个有知识的人，你应该去做一些体面（tǐ miàn）（honorable）的事情，年轻人要学好。你今后的路还长着呢，现在我可以给你一元钱，但我怕你以后为今天的事情后悔时，回过头来骂我，因为正是我的好心害了你。”

我又失败了。我不能埋怨大伯大妈，他们一定经历了太多这样的事情。不过大妈的话倒提醒了我，我可以说自己是个大学生啊！这样也许更能得到同情。

这时，一位打扮时髦的小姐走了过来，我迎了上去：“小姐，我是个大学生，今天出门时忘了带钱包。您能借我一元钱让我乘车回学校吗？”小姐像受了惊吓似的，猛地后退几步，满脸疑惑地盯着我，然后绕开我，迅速地跑到了车站的另一头。

三次都失败，我准备放弃了。但当我回头看时，电视台的摄像师却一个劲地向我伸出大拇指。那是我们事先约定好的暗号，意思是我得继续下去。显然，我的失败是意料之中的，这样的尴尬场面，对观众来说，说不定正像一顿精美的大餐呢。

这时，一位小朋友走进了公共汽车站，我想这是我最后的机会了。我也不想再说丢钱包、是大学生之类的谎言了。我走过去，很客气地对他说："小朋友，能借我一元钱乘公共汽车吗？"小朋友马上从口袋里掏出一元钱递了过来。这下轮到我惊讶了，没想到小朋友竟然什么都没问，就把钱给了我。

呆了好一阵儿，我才问小朋友："你为什么要这样帮助我呢？"小朋友顺口就说："因为你没钱乘车呀。老师说过，帮助是不需要理由的。"顿时，一股感动的暖流（nuǎn liú）（warm current）从我心里流过。

节目结束的时候，主持人补充采访（cǎi fǎng）（cover）了我一个镜头，问参加这样一个游戏节目对我会有什么影响。我的回答是：今后我会在口袋里多放一元钱，为了继续传递不需要理由的帮助。

（根据古华城《借一元钱坐车》改编）

思考与交流

1. 大伯和大妈为什么不肯给"我"一元钱？
2. 年轻的小姐为什么不理"我"？
3. 小朋友为什么问都不问就帮助"我"？

9 《论语》(lún yǔ)(*The Analects*)与橄榄球(gǎn lǎn qiú)(football)

这学期，我开始给美国学生讲《论语》。第一课就讲到了那段著名的话：“其为人也孝悌(xiào tì)[1]，而好(hào)[2]犯上者，鲜(xiǎn)[3]矣；不好犯上，而好作乱(zuòluàn)[4]者，未之有也。”大意是说：做人孝敬父母，尊重兄长，就很少会冒犯(mào fàn)[5]上司，不冒犯上司的人，一般也不会造反。

这是典型的君君臣臣父父子子(jūn jūn chén chén fù fù zǐ zǐ)[6]那一套，美国人天性喜欢自由，喜欢挑战权威，怎么能接受这样的说教？不料，我让一个学生读英文翻译，那学生读完，不住地点头称是。我问他是否同意这段话，他回答：“当然，这是做人最基本的规矩。”

我马上问：“这和你们美国人的自由主义如何协调？”他回答：“自由当然重要，但是首先还得有规矩，有纪律，否则社会无法运转。这段话，和学校里橄榄球队的规矩就特别像。”

---

① 孝悌：孝敬父母、敬爱兄长。
② 好：喜爱。
③ 鲜：少。
④ 作乱：发动叛乱。
⑤ 冒犯：言语或行动没有礼貌，冲撞了对方。
⑥ 君君臣臣父父子子：做君主的要像君主的样子，做大臣的要像大臣的样子，做父亲的要像父亲的样子，做儿子的要像儿子的样子。

这下，《论语》课一下子变成了橄榄球课。这位学生说，孔子所谓的孝悌，一是尊重父母，一是尊重兄长。这就好比在高中的橄榄球队中首先要尊重教练，其次要尊重高年级的同学一样。美国的高中有四年，一年级的学生也许球艺甚高，但是许多事情要服从四年级的老大哥。因为打橄榄球，上场人数多，队形讲究，离开了集体，再大的本事也难以施展（shī zhǎn）（display）。想要培养出这种全队必须像一个人一样的集体精神，光有技术是不够的，还需要前辈传授（chuán shòu）①经验。

讲到这里，这个学生还特别提到美国的国家男篮（nán lán）（Men's Basketball Team），把他们作为反面典型。他说他就看不起那些目空一切（mù kōng yī qiè）②的 NBA 球星，他们每个人都觉得自己是老大，都要耍威风。到了赛场上，永远是自我第一、球队第二。结果碰上组织严密（yán mì）③的欧洲军团，就像支二流（èr liú）（second-rate）队伍。这一套，在橄榄球队里行不通。

当然，在美国的职业橄榄球队中，并非没有目空一切的人。有些年轻队员，因为自己球艺出众，就很张狂。这种队员在球迷中的形象甚差。

这个学生最后总结说："橄榄球队就是美国社会的一个缩影（suō yǐng）（miniature）。我爸爸是公司总裁（zǒng cái）（president）。他创建公司时，就那么几个人，大家完全是团队运作，有时简直就是有集体无个人。你要是那时候总想着我怎么样，就没有人和你合作了。如今公司做大了，当年参与创建公司的那帮人作为个人就浮（fú）

---

① 传授：把学问、技艺教给别人。

② 目空一切：形容骄傲自大，什么都看不起。

③ 严密：事物之间结合得紧，没有空隙。

xiàn tè quán
现[1]出来了。他们是最早到公司的人，有特权（privilege），别人就得听他们的。孔子的那套规矩，在公司里也得讲。大家守这套规矩，公司才能运转。美国是讲个人，但是，没有集体，哪里有个人?”

中国人对美国文化的一个最大误解，就是觉得人家只讲个人。其实，从上

① 浮现：呈现，显露。

学的第一天起，美国孩子就会接受与别人合作、尊重别人的训练。而体育是培养他们这种团队精神的最好方式。

（根据薛涌《〈论语〉与橄榄球》改编）

思考与交流

1. 《论语》与橄榄球的共同点是什么？
2. 在现代社会，个人英雄主义行得通吗？我们需要培养什么样的个人素质？

10 认真的快递小子

他是个快递送货员，人称“快递小子”。他二十岁出头，长得很一般，还戴着厚厚的眼镜，一看就知道是刚做这行，竟然穿了西装打着领带，皮鞋也擦得很亮。说话时，脸会微微地红，有些羞涩。

那次是他第一次来，也是送名片。只说了几句话，说自己是哪家公司的，然后认真地用双手放下名片就走了。有同事说，这个傻小子，穿皮鞋送快件，也不怕累。

几天后又见到他。接了他名片的同事要寄信，就给他打了电话。电话打过去，十几分钟的样子，他便过来了。还是穿了皮鞋，说话还是有些紧张。

单子填完，他慎重（shènzhòng）（careful）地看了好几遍才说了“谢谢”，收钱，找零钱，用双手递过去，好像在完成一个很庄重的交接仪式。

因为他的厚眼镜，他的西装皮鞋，他的沉默，我就记住了他。隔了几天我要给家人寄东西，就跟同事要了他的电话。他很快过来，仔细地把东西收好，带走。

转眼到了“五一”劳动节，放假前一天快中午的时候，听到楼道传来清晰的脚步声，随后有人敲门。竟然是他。他手里提着一袋红红的苹果，进了门还没说话，脸就红了。

他把苹果放到茶几上，看起来很不好意思。他说：“我的第一份业务，是在这里拿到的。我给大家送点水果，谢谢你们照顾我的工作，也祝大家劳动节快乐。”

我们都有些不好意思起来，只是无意让他接了几次活，实在谈不上谁照顾谁。他却坚持把苹果留下来，然后很快出了门。

苹果个头都不大，味道还有一点儿酸。可是我们谁也没有说一句不好的话。半天，有人说，这小子，挺有人情味的。

大家慢慢就熟悉起来了。有次同事跟他开玩笑说：“你老穿得这么规矩，一点儿也不像送快递的，倒像卖保险的。”

他认真地说：“卖保险都穿那么认真，送快递的怎么就不能？”

我想，他大概是这行里最听话的员工吧！这么简单的工作，他做得比别人辛苦多了，可这样的辛苦，最后能得到什么呢？我不太看好他，觉得他这么笨的人，想发展好应该不太容易。

果然，快递小子的送货生涯（shēng yá）[1]一干就是两年。

那天我打电话让他来取东西。我的一位同学在一所大学教书，要结婚了，我有礼物送给她。填完单子，他核对（hé duì）（double check）时突然说：“啊，是我念书的学校。”他的声音很大，把我吓了一跳。他又说：“我是在那里毕业的。”

这次我听明白了，不由抬起头来，有些吃惊地看着他。“你也在那里上过学吗？”

可能那个地址让他有些兴奋，他说：“是啊是啊，我是学财会的，2004 年刚毕业。”

天啊！我忍不住问他：“你有学历也有专业特长，怎么不找其他工作？”

他有些不好意思，说：“当时不知道工作那么难找，找了几个月才发现实在太难了。正好快递公司招快递员，我就去了。干着干着觉得也挺好的……”

“那你当初学的知识不都浪费了？”我还是替他可惜。

“不会啊。送快递也需要有好的专业知识才能提高效率，比如把客户根据不同的地方、不同的业务类型分类，业务多的客户一般送什么，送到哪里，私人的如何送……”他笑着说，“知识哪有白学的？”

---

① 生涯：职业生活。

我真对他有些另眼相看了，没想到笨笨的他却这么有心。

转眼又到了“五一”，那天给他打电话请他来取东西。电话是他接的，来的却是另外一个更年轻的男孩。他说：“我是快递公司的，主管要我来拿东西。”

我愣了一下，转念才明白过来。“主管，他当主管了？”

“是啊。”男孩说，“年底他就要去南宁当分公司的经理了，提升他的理由好几个‘唯一’呢：他是公司唯一干得最长的快递员，是唯一有高学历的快递员，是唯一坚持穿西装的快递员，是唯一没有接到客户投诉(tóu sù)（complain）的快递员……”

因为快递小子的事，那天，我心里感到特别高兴。

当天下午，他的快递公司送来同城快件，是一箱进口的橙子。虽然没有卡片没有留言，但我们都知道是他送的，拆开后每人分了几个。橙子很大，非常新鲜，味道很甜。隔着这些漂亮的橙子，我却看到了当初收到的那些小小的带着酸味的苹果。

思考与交流

1. 快递小子的衣着打扮与一般快递员有什么不同？
2. 快递小子是靠什么给别人留下印象的？
3. 快递小子依靠什么得到提升？
4. 汉语有句俗话：“三十六行，行行出状元。”请你猜猜它的意思。